proceedings of the pacific coast council on latin american studies

Revolution and Reaction

VOLUME ELEVEN, 1984

Proceedings of the Pacific Coast Council on Latin American Studies

VOLUME EDITOR, VOLUME 11
José Ferrer, Southern Oregon State College

MANAGING EDITOR
Roger L. Cunniff, San Diego State University

EDITORIAL COMMITTEE, VOLUME 10
José Ferrer, Southern Oregon State College
David Dunbar, Southern Oregon State College
Donald Barnhart, San Francisco State University
Phil Brian Johnson, San Francisco State University
Michael Arguello, University of California, San Diego
Roger L. Cunniff, San Diego State University

EDITORIAL ASSISTANTS
Rachael Bernier, Denise Rilling, Agnes Bertiz,
Elizabeth Stewart, Roberto Contreras

EDITORIAL POLICY

The *Proceedings* of the Pacific Coast Council on Latin American Studies is published once yearly. Each volume contains papers selected from those presented at the meeting of the organization and occasional appropriate guest papers. Each issue contains also one or more of the following Special Sections: Teaching Latin America, The Media and Latin America, Latin America in Art, Latin American Research, Documents, and Latin American Bibliography. Worthwhile contributions are welcomed from all Latin-Americanists. Persons who wish to submit material for consideration to the Special Sections should contact the Volume Editor of a particular volume or the Managing Editor of the *Proceedings*. The Volume Editor for each annual volume is usually the PCCLAS president for the meeting reflected in that volume. Papers published in each volume are selected by the Volume Editor and Managing Editor in consultation with an interdisciplinary Editorial Board. Other than material submitted to Special Sections, manuscripts which did not originate at the annual PCCLAS meeting should be submitted only at the invitation of one of the editors. All manuscripts should be typewritten, doublespaced, and provided with generous margins. Style should conform to the recommendations of the University of Chicago Press *Manual of Style*.

SUBSCRIPTONS

The regular institutional rate is $16 per issue. The *Proceedings* are available to individuals at the special reduced rate of $8. Subscribers outside the United States should add $2 for fourth-class surface postage or $6 for first class postage. Members of the Pacific Coast Council on Latin American Studies receive the *Proceedings* as a condition of their membership. Standing orders are available to institutions. All correspndence should be directed to:

PCCLAS Proceedings
San Diego State University Press
San Diego State University
San Diego, CA 92182

Copyright © 1985, Pacific Coast Council on Latin American Studies

PUBLISHED BY THE SAN DIEGO STATE UNIVERSITY PRESS
ISBN 0-916-304-60-4

Cover: Female figure from a series designed by Alejandro Conales for a wall mural in Luis Alfonso Velásquez Park in Managua, Nicaragua (photo by Betty LaDuke).

PROCEEDINGS OF
THE PACIFIC COAST COUNCIL
ON LATIN AMERICAN STUDIES

TWENTY-SEVENTH ANNUAL MEETING   Volume 11, 1984

(*REVOLUTION AND REACTION*)
José Ferrer, Volume Editor

Revolution
and Reaction

INTRODUCTION

Southern Oregon State College was honored to host the Twenty-Seventh Annual Meeting of the Pacific Coast Council on Latin American Studies, on October 22-24, 1981. For the second time in PCCLAS's history, the meeting was held north of California—the first was at the University of Oregon, Eugene, in 1967. Everyone realizes that the strength of the Latin American Studies programs resides in the southern area of the Pacific Coast, where most of our meetings should be held in order to obtain a larger participation. It is hoped, however, that our Council would seriously consider making an effort to meet periodically, perhaps every four years or so, in the Pacific Northwest, all the way to Alaska, to make itself truly representative of the entire Pacific Coast. In this respect, I wish to thank the PCCLAS Board of Governors for selecting SOSC as the annual meeting place for 1981.

Thanks are also in order to President Natale A. Sicuro for extending the invitation to meet at SOSC and making available the college facilities plus the logistic and financial support through the Division of Continuing Education.

It is also my pleasure to recognize and to thank my hard-working Steering Committee, particularly Professors Chela Tapp, Frank MacGraw, Betty LaDuke, and Bill White, as well as the enthusiastic Latin American Studies majors, particularly Christina Milling, Kevin Aguirre, and Lisa Walker.

My appreciation is also extended to the PCCLAS Executive Committee for their friendly support, to Clarence Thurber, Chairman of the Awards Committee, who did an outstanding job, and to all the members who made the great effort to reach Ashland, mostly from far away. Finally, I wish to thank the *Proceedings'* managing editor, Roger Cunniff, for his patience, understanding, and cooperation as we laboriously put together the present volume.

The theme of the twenty-seventh meeting was "Revolution and Reaction in Latin America," the twin themes that run through the contemporary period of Latin American history, more typical in the post World War II era, growing gradually decade after decade. On one hand, the revolutionary theme is best exemplified by the so-called "Revolution of Rising Expectations," affecting the masses of Latin America. The main indicators of this phenomenon are urbanization, increasing communications media, greater political awareness, and population pressures. On the other hand, it appears that efforts to effect rapid socio-economic changes have been constantly thwarted by powerful reactionary forces, the main obstacles to meaningful political, economic, and social change.

The concept of revolution itself has become so complex as to beg some redefinition. Professor Clifton B. Kroeber attempts to do that with his "Theory of Revolution: Starting All Over Again." Aspects of the revolutionary-reactionary themes are presented by John W. Barchfield, "Revolution, Reaction, and the Rural Crisis in Mexico," by Fred Nunn, "Yesterday's Soldiers: An Epigrammatic Approach to the Study of Professional Militarism in South America," and by James E. Officer, "Chile's New Indian Law: Dividing the Reservations." The artistic and literary aspects of the contemporary revolutionary process are exemplified by the articles of D. Anthony White, "Siqueiros and the Origins of the Mexican Mural Movement," Amando Miguélez, "Roque Dalton: Poeta y Revolucionario," Juan A. Epple, "Novela Proletaria y Novela Social en America Latina," Kristyna Demaree, "José Revueltas: La Integración Literaria de la lucha Política Intransigente," and in the art section, the article and illustrations of Betty LaDuke, "Nicaraguan Mural Movement: Mural Painters Hilda Vogel and Julia Aguirre."

It is hoped that the present collection of articles will contribute, albeit in a modest way, to the ongoing dialogue among Latin Americanists analyzing the revolutionary and counter-revolutionary forces at work in the region.

José Ferrer
President, PCCLAS (1981)
Editor, Volume XI

NOVELA PROLETARIA Y NOVELA SOCIAL EN AMERICA LATINA

Juan A. Epple
University of Oregon

Deslinde histórico-social

Estas notas están destinadas a examinar la producción novelística latino-americana que incorpora al mundo narrado la presencia histŕocia y la humanidad concreta de los sectores proletarios, y a distinguir dos conceptos que suelen manejarse, muchas veces sin una precisión explícita, para caracterizar este tipo de obras. Básicamente, nos interesa delimitar los posibles alcances que tiene el "novela proletaria" aplicado a las obras centradas en la realidad y los conflictos sociales distintivos de los sectores trabajadores.

En la historia de la literatura latinoamericana, y entendiendo que la producción cultural es siempre un modo de expresión y representación de la realidad que surge en una formación social y histórica diferenciada, la aparición y desarrollo de una "novela proletaria" están ligados necesariamente a la existencia objetiva de una clase proletaria, aquella que se manifiesta como grupo social distintivo cuando el modo de producción se ha convertido en un modo de producción se ha convertido en un modo de producción capitalista y la fuerza de trabajo se convierte en una fuerza "libre" y asalariada.

Esto significa que debemos tener presente, en primer lugar, el desarrollo histórico particular del capitalismo en América Latina, con modalidades especí-ficas en algunas regiones del continente, desarrollo que es distinto al de Europa o al de Estados Unidos, con cuyas literaturas suelen establecerse homologaciones estéticas o temáticas que tienden a desconocer las diferencias en el desarrollo histórico y en las formulaciones culturales que se producen en los páises latinoamericanos.[1]

En las dos últimas décadas se ha ido desarrollando una línea de investigación destinada a formular los principios teóricos para una historiografía literaria de América Latina que se haga cargo de las complejas relaciones entre historia y literatura. Este tipo de acercamiento (entre los que destacan los ensayos de Angel Rama, Alejandro Losada, Francoise Perús, Roberto Fernández Retamar, Jaime Concha, Jean Franco, Carlos Achugar, Hernán Vidal, etc.) ofrece ya contribuciones sólidas al estudio de períodos específicos del desarrollo literario del continente y al la caracterización de la producción literaria de diversos autores. Lo que es más importante, son estudios que van delineando una base teórica que se echaba de menos en la historiografía tradicional, donde las concepciones historiográficas eran generalmente formulaciones ideológicas; o cuando más, criterios de clasificación tomados en préstamos de otros países, y que se hacían calzar malamente al desarrollo de la literatura latinoamericana.[2] Las formulaciones teóricas desarrolladas por José Carlos Mariátegui en *Siete ensayos de interpretación de la realidad peruana* (1928), una obra pionera en muchos conceptos, no tuvieron, por razones históricas, esa atención y continuidad que reclaman los textos que contribuyen a producir un conocimiento de la realidad, y sólo en los últimos años vuelven a ser revaloradas.

En relación a las características distintivas del desarrollo capitalista en América Latina y los rasgos de la novela social que fue surgiendo entre 1910 y 1950, es particularmente valioso el ensayo de Francoise Perús "De la posibilidad de una literatura proletaria en América Latina,"[3] aparecido en francés en la revista *Europe,* en un número especial dedicado al tema de la literatura proletaria. Los diversos ensayos editados en este número traen abundante información sobre el desarrollo de la literatura proletaria en diversos países de Europa y en Estados Unidos, además de estudios dedicados a las formulaciones teóricas surgidas en relación a este literatura.

En general, se considera que el surgimiento y desarrollo de la literatura proletaria (que en Francia, por ejemplo, se remonta a los años immediatamente anteriores a la Comuna: en 1841 Olinde Rodríquez publica una antología de *Poesías sociales de los obreros,* y Boissy edita el *Nuevo Canto del Proletariado*) está estrechamente ligado a la emergencia de esta nueva clase social, a la conciencia de su existencia como entidad social y cultural diferenciada, y sobre todo a los avances y retrocesos—con los correspondientes cambios de la conciencia ideológica—que experimenta la clase obrera de cada país en la lucha por conquistar su primacía política y cultural. La complejidad de esta historia, que no es lineal como soñaban los positivistas, sino dialéctica, es decir, expresión del desarrollo de las contradicciones que marcan la historia específica de cada país, es correlativa, en el plano ideológico, con los rasgos dominantes en la cosmovisión de las obras literarias centradas en el mundo proletario.

En la novelística latinoamericana de los períodos anteriores al surgimiento del proletariado como entidad social distintiva (a la vez como grupo social y como gestor de un proyecto histórico de clase), es posible encontrar obras *con* personajes de las clases "bajas" de la sociedad, y en las primeras décadas del siglo XX obras que simpatizan con su condición social, que *se acercan* afectiva e ideológicamente a un mundo proletario en proceso de diferenciación política y cultural, pero es difícil encontrar obras escritas *desde* la perspectiva del proletariado. Existe, sí, una expresión cultural proletaria, que significativamente se canaliza en formas de comunicación más directa (no con el distanciamiento y las mediatizaciones que parecen dominar en la producción novelística) respondiendo a la inmediatez de las situaciones y conflictos colectivos de la clase: la canción popular, la poesía de asuntos sociales o cimples hechos Públicos, o el teatro. El cuento y la novela tienen un rango mucho menor en el sistema de preferencias culturales que empieza a desarrollar el proletariado (fenómeno que sería necesario analizar), constituyendo floraciones iniciales aisladas, casi siempre a cargo de autores progresistas provenientes de los estratos medios.

Pero es posible visualizar una atención creciente hacia las figuras del "pueblo" en la narrativa de los autores consagrados del siglo XIX y comienzos del XX, y no es difícil afirmar que esas inclusiones en el espacio social de las obras no responde tanto al vuelvo creador individual del artista, cuanto a la presencia real (vista con simpatía, inquietud, dudas, o rechazo) de este emergente sector social en el horizonte histórico de cada país, y que se va convirtiendo en ineludible materia novelable.

En los perídos romántico y realista, donde en general la novela aparece orientada por una voluntad de representación de la sociedad como totalidad, buscando definir—generalmente desde la perspectiva de una burguesía nacional progresista—los diversos sectores sociales que dinamizaban la vida colectiva del país, la representación de figuras de las capas "bajas" se recorta de acuerdo al prisma ideológico y político que orienta el proyecto de nación imaginado por esos autores. Los sirvientes, campesinos, indios, en general las figuras "populares" que integran el cuadro social de esos períodos novelados, tienen identidad sólo como representaciones de un conglomerado humano susceptible de integrarse al proyecto histórico de esta burguesía, son el fondo "natural" que puede servir de apoyo a este proyecto. En *Durante la Reconquista*, de Alberto Blest Gana, por ejemplo, el roto Cámara es un símbolo de un estrato popular de un país en proceso de conquista y formulación de una identidad nacional. Es un personaje valiente, listo, y sobre todo *leal* con la causa de los patriotas; pero no es él, indudablemente, el que hace protagónicamente la historia. En la mayor parte de las novelas del período, las figuras populares están destinadas aportar con datos caracterizadores de un sector de las capas sociales que diversifican el mundo nacional, desde una perspectiva ideológica que sólo las distingue como parte de un cuadro de costumbres, más cercano a la naturaleza que a la historia.[4] Es interesante analizar cómo estas figuras populares van siendo redefinidas y revaloradas en la evolución de la literatura, de acuerdo a los cambios históricos y al estatuto social que adquiere casa sector en la dinámica nacional. Un ejemplo significativo es la valoración del gaucho en la literatura argentina, representado consecutivamente como patriota,bárbaro, antisocial, símbolo de la libertad liberal, ente mítico que atesora los valores del pasado en oposición a la "degradación histórica' del presente (las décadas del veinte y treinta en Argentina) hasta terminar como figura dudosa, ambigua, del arrabal.

En las últimas décadas del siglo XIX, la novela naturalista tiene la posibilidad de incorporar un nuevo sector social a la representación literaria. Pero, a diferencia de lo que ocurre con la novela naturalista francesa, el "cuarto estado" no aparcece aquí como una clase distintiva, y mal podría aparecer cuando históricamente no ha surgido el proletariado en esta etapa del desarrollo económicosocial de los países latinoamericanos. En la novela naturalista comienza a tener mayor representación el pueblo como entidad humana que completa el "cuadro social," pero estas figuras típifiean, muchas veces desde una perspectiva conservadoray utilizando ideológicamente las tesis científicas en boga—las "anomalías" sociales que deben corregirse en el cuerpo social. Es quizás en la novela naturalista, en que los estratos tradicionales del mundo representado (personajes, acciones, espacio), se ordenan al servicio de la postulación de una tesis explícita sobre la sociedad, donde las concepciones ideológicas para representar al pueblo, a los estratos de la diversidad del mundo nacional, distintivo por sus costumbres, a los estratos "bajos," se hacen más transparentes. El pueblo es una entidad más de la diversidad del mundo nacional, distintivo por sus costumbres, se lenguaje, su hacer social larvario; pero en todo caso, más cercano a la naturaleza que a la historia, es decir, digno de valoración y atención como fuerza de trabajo, pero mostrado con reservas o con impulsivo rechazo en tanto posible sujeto de la historia.

En la literatura español, muchos han considerado la novela naturalista *La Tribuna* (1883), de el condesa Pardo Bazán, como la primerva novela español centrada en la proletariado. El problema es dilucidar cómo aparece caracterizado ese proletariado. En otras palabras, cuál es la perspectiva ideológica que orienta la representación. En la novela, *La Tribuna*, una muchacha obrera que se convierte en dirigente sindical y lider político del pueblo, representa una anomalía en la cuerpo social del país, la amenazadora posibilidad de que los obreros extravíen su fondo natural, su concepción tradicional del mundo, al abrazar causas políticas diferentes e intentar transformar la sociedad en que viven. En la representación del bajo y pueblo, la autora opone valorativamente al campesinado, depositario de las fuervas autenticas del país (es decir, de un sistema de vida y un modo de producción social tradicional) a los obreros cuya experiencia de vida ha estado ligada al mundo urbano, y donde las influencias de las alternativas políticas afectan negativamente su conducta, llevándolos a apoyar la quimera de la revolución democrática de Septiembre, la "septembrina" (en otras palabras, llevándolos a participar en un modo de vida histórico). El narrador premia a los primeros con un destino feliz y castiga a la obrera con el fracaso y la humillación.[5]

En muy pocas novelas naturalistas hay obreros, y cuando aparecen su condición de clase es sólo una referencia al servicio de una tesis social oreintada por los parámetros ideológicos de autores que buscan imponer su modelo de sociedad al mundo en que viven, utilizando concepciones teóricas transferidas de los modelos de pensamiento europeos.

Un obra digna de atención, porque representa la situación contradictoria de la novela del período, con su apertura objetiva hacia las nuevas situaciones históricas y su dificultad para transformar esa experiencia en conocimiento auténtico, es el de la novela *O Cortiço* (El conventillo), del brasileño Aluisio Azevedo, publicada en 1890. Esta novela, que se sitúa en el período histórico de cambio del modo de producción social en el Brasil, esto es, la abolición de la esclavitud y el inicio del trabajo asalariado, tiene como personajes principales a la esclava Bertoleza, el comerciante João Romão (que representa el ascenso de la burguesía comercial, que asciende de posición en esos años en el país) y el inmigrante Jerónomo, quien trabaja como obrero al servicio de Romão. El centro de atención del "estudio social" es el conventillo, esa primera anomalía del desarrollo de la nueva República, en que el desarrollo industrial incipiente, gestado en las ciudades, muestra como contrapartida la miseria y la promiscuidad de los que laboran y viven en esas ciudades. Pero el obrero no aparece representado allí desde la perspectiva interiorizada de la clase social, ni menos atendiendo a sus perspectivas históricas de evolución, sino que su condición sirve para probar la tesis de Hipólito Taine (recurrente en los incipientes estudios sociológicos, históricos e incluso en la historiografía literaria de fines de siglo) del determinismo del medio sobre el individuo. Los impedimentos sociales para evolucionar hacia mejores condiciones de vida se conciben como limitaciones naturales. En este caso, la novela estudia el "abrasileiramento" del obrero inmigrante, aunque la misma tesis no se considera al describir la conducta de los personajes de la burguesía. El espacio social de la novela, y en este aspecto la obra caracteriza con amplitud el período histórico de fin de siglo en Brasil, se estructura como una opición entre la casa grande y el sobrado, el mundo aristocrático y su oposición social, el conventillo. En media de estos dos espacios, que representan una oposición social extrema, se abre paso una nueva figura dominante, el hábil e inescrupuloso comerciante que se emparenta con el noble de la asa grande y comienza a dominar con nuevos lazos—los del dinero— a la clase baja que ha llegado a habitar en conventillo.[4]

En la novela social de las décadas del veinte y del treinta, en que históricamente el proletariado empieza a conquistar en espacio social y político distintivo (es el período en que surgen las organizaciones sindicales nacionales, superando las prácticas estamentarias de organización sindical, los partidos políticos obreros y los centros culturales dirigidos por obreros) el acercamiento al mundo proletario lo harán, fundamentalmente, los escritores de clase media que simpatizan con las causas sindicales y políticas de la clase obrera, quienes por lo general atraen a la comprensión de la realidad histórica del continente los esquemas de valoración de la literatura social europea. Hay que prestar atención al fuerte influjo que las concepciones políticas (comunistas, socialistas, y en especial del anarquismo)y la literatura social que se difunde en el fiejo continente tienen en la producción novelística que se desarrolla en esos años en América Latina.[7]

La caracterización de los sectores sociales que ahora surgen exigiendo un lugar en la historia (el campesinado, las comunidades indígenas, el proletariado urbano) es ofrecida desde la óptica de escritores pertenecientes a sectores radicalizados de las capas medias, muchos de los cuales serán reconocidos como vanguardias intelectuales de los nuevos movimientos políticos.

La praxis cultural auténticamente proletaria—creada por autores proletarios y para un público eminentemente obrero—comienza a darse en otras formas de expresión, y muy especialmente en el teatro.[8]

En la mayor parte de las novelas, la perspectiva ideológica del acercamiento al mundo obrero (además del afecto, que políticamente puede transformarse en adscripción productiva a la lucha social del proletariado) suele reflejar los dilemas y contradicciones de quienes leen la realidad histórica con una comprensión *a priori*, que no surge de una práctica de vida lo suficientemente interiorizada en lo que es verdaderamente esé mundo social. Me refiero, por una parte, a la tendencia a explicar, en muchas novelas "progresistas," la situación de atraso y vasallaje de las clases dominadas de acuerdo a concepciones deterministas, y por otra, a proyectar imaginativamente en las nuevas zonas del mundo nacional que se incorporan a la literaturas esquemas de valoración del mundo leídos en otras situaciones históricas, y donde la clase obrera ha conquistado ya un status social destacado.

En algunas obras, a la apertura hacia la realidad social y sus problemas, a ese acercamiento sensible a lo real, se le imponen esquemas de comprensión provenientes del Naturalismo decimonónico (como el determinismo del medio y de la raza, o de los atavismos biológicos o étnicos), con la pervivencia de una visión fatalista de la sociedad. La necesidad de explicar un presente difícil, degradado, y la dificultad para visualizar las opciones de cambio que se sueñan, lleva a muchos de estos escritores a recurrir a las explicaciones deterministas, donde los impedimentos históricos para el cambio se intienden como causas naturales. En este contexto, la representación de las figuras populares se detiene en la postulación de una "idiosincracia" nacional, buscando fijar supuestos rasgos esencoales del pueblo. En la literatura chilena, por ejemplo, adquiere relevancia la figura del *roto,* pero con rasgos que no se diferencian muy bien de la entelequia ideológica que había presentado antes Nicolás Palacios en su *Raza Chilena*, o de la figura determinista que retrató Joaquín Edwards Bello en *El roto* (1920). Sólo a partir del 38, con la experiencia histórica del Frente Popular, esa figura simpática, trabajadora, buscavidas, orgullosa pero siempre sujeta a un distino fatalista comenzará a redefinirse como tipo social, representante de una clase en busca de una identidad humana e histórica.

En otras obras, al presente social se le imponen perspectivas de valoración abstractas—y utópicas—del futuro: los personajes obreros, más allá de su experiencia social y política inmediata de una sociedad perfecta, profetas de un futuro que el resto del mundo se empeña en ignorar. O en el caso de una parte importante de la novela indigenista, son conumidades que guardan las formas ideales del comunismo primitivo.

Cono todo, hay que destacar que en el período que va de los años treinta a fines de los cincuenta se perfila distintivamente un tipo de novela, la novela social, cuyas características básicas son el interés por definir y denunciar las formas de explotación y la experiencia de lucha de los sectores oprimidos de cada país, el realismo de la representación (con una marcada influencia del realismo socialista) y el predomonio de una perspectiva nacional y antiimperialista.

De esta novela social, y en general de toda la producción narrativa, las obras que pueden considerarse específicamente proletarias son escasas. En un continente en que las clases trabajadoras han estado marginadas de la educación y la cultura, donde las tasas de analfabetismo son altísimas y las posibilidades de desarrollar una actividad intelectual a través de los organismos creados por el pueblo al margen de lo establecido (centros culturales, periódicos, escuelas de formación político-cultural ligadas a los partidos, etc.) permanentemente cohartadas por la acción represiva de los goviernos de derecha, sin duda los escritores proletarios tienen pocas opciones de desarrollar un quehacer literario. Los autores de orígen proletario que han podido dedicarse a la narrativa, produciendo una obra genuinamente de clase, han surgido por lo general en aquellos países donde se presentan coyunturas sociales propicias para el inicio y difisión de una práctica literaria más sistemática y continua. Posibilidades que se han dado, con un margen mayor de desarrollo, en países como Chile, Argentina, o Brasil, pero que es un fenómeno incipiente y discontinuo en otros países donde la clase obrera se ha constituído mucho después.

En general, pensar en el desarrollo de una literatura proletaria como producción distintiva significar dar por supuesto que el proletariado no sólo ha ido conquistando su derecho a los bienes materiales que produce y a orientar su vida social libremente, sino que ha empezado a imponer su propia cultura, esa producción del conocimiento que es resultado de la experiencia histórica.

Novela proletaria o novela social

Para caracterizar la producción novelística latinoamericano cuyo centro temático es el mundo de las clases trabajadoras y su modo distintivo de situarse en la historia nacional de cada país, se hace necesario considerar brevemente los alcances de los conceptos de novela "proletaria" y novela "social," que suelen usarse indistintamente.

Una definición rigurosa deslindaría la novela proletaria como aquella escrita por proletarios, sobre el mundo proletario y para proletarios. Desde este punto de vista, tendríamos que enfrentarnos a la evidencia de que esa literatura es prácticamente inexistente en la realidad histórica actual de América Latina, o a lo más, que ha sido una floración aislada cuyos ejemplos—por cierto destacados—se cuentan con los dedos de la mano. Porque su existencia supone la conquista, histórica y cultural, de una sociedad predominantemente obrera. La posibilidad de una literatura proletaria entendida en estos términos sólo podría darse en el marco de la transformación de la sociedad. Y en un proceso de transformación hacia el socialismo, esa literatura proletaria empieza a formar parte de una cultura socialista. El sutor proletario, y ese destinatario específico al que idealmente se dirigiría, constituyen hoy por hoy una realidad humana en proceso de decantarse social y culturalmente, en la medida en que la clase comienza a conquistar un espacio político y expresivo propio, destinado a fundar las bases para una nueva sociedad.

Hay que atender, por otra parte, al haz de relaciones que suele establecerse, en la práctica cultural desarrollada en el sector obrero y campesino, entre la literatura escrita por los poetas y narradores de esta clase social y las manifestaciones populares y folklóricas conservadas por la tradición. En efecto, el pueblo es depositario de una tradición folklórica y literaria en que muchas veces se mantiene (aplaudida y valorada por la cultura dominante) una concepción histórica e ideológicamente reaccionaria del mundo. En algunos casos esta visión se traslada a la obra reciente de autores de extracción popular. En otros casos la tradición formal de esa literatura se llena de un contenido nuevo, y desde una perspectiva histórica de clase, como ocurre por ejemplo con parte de la "literatura de cordel" en Brasil, la lira popular y la poesía popular en Chile, el "corrido" y otras formas de la canción popular de México y del pueblo chicano, o en la poesía y la canción de autores como Violeta Parra (que se inició recopiladora y difusora del folklore).

No son, entonces, las formas estéticas como entidades genéricas. preexistentes a la prática literaria, las que pueden definir el carácter de clase de una cultura.

La distinción debe buscarse fundamentalmente en la perspectiva ideológica que orienta la visión del mundo y la interpretación de la realidad, y en el caso específico de la novelística que nos interesa destacar, en su capacidad para formalizar un conocimiento de la realidad histórica de la clase obrera, de sus conflictos y sus luchas, desde una perspectiva interiorizada.

De los tres elementos del enunciado con que se define la novela proletaria, creemos que resulta más útil y válido, cuando se trate de evaluar el corpus novelístico de la literatura producida hasta hoy en América Latina, poner el acento en lo representado (las novelas sobre el mundo obrero y campesino) y especialmente en la perspectiva ideológica con que se formaliza ese mundo, con su capacidad para dar cuenta de la experiencia social, los valores y los sueños que va definiendo ese sector humano en la dinámica histórica de un país.

La realidad cultural de América Latina muestra que la novela social—tu término instrumental más amplio—ha tenido un desarrollo y una difusión mayor que la podría conceptuarse como específicamente proletaria. Dentro de ese corpus habría que distinguir luego aquella obra que es capaz de instalarse en la perspectiva de la clase, definiendo su ideología, entendida ésta como comprensión social de la realidad.

Se trata, en suma, de valorar un tipo de producción novelística que, en distintos grados, con mayor o menor capacidad, se ha ido acercando al mundo obrero y campesiono, contribuyendo de alguna manera a representarlo y destacarlo.

La novela social, una práctica literaria que históricamente, y por la presencia cada vez más definida de la clase obrera en la sociedad, asumió la tarea de caracterizar y valorar aum pueblo en proceso de emancipación, fue sin duda el antecedente cultural más directo, en América Latina, de una obra proletaria qu es todavía futuro, pero futuro cada vez mejor definido; en hechos colectivos de hoy que serán palabras de mañana.

Notes

1   Para un análisis del desarrollo histórico de América Latina en la fase de su formación capitalista, véase el excelente ensayo de Agustín Cueva, *El desarrollo del capitalismo en América Latina* (México: Editorial Siglo XXI, 1977).

2   Una evaluación de los criterios historiográficos prevalecientes en las historias literarias de Hispanoamérica y Brasil, confrontando específicamente el problema de la caracterización del período naturalista, es el centro de atención de mi artículo "El Naturalismo en América Latina: un problema historiográfico," por aparecer en *Revista de Literatura Hispanoamericana* 16 (Universidad del Zulia, Maracaibo, 1982).

3   Vd. Francoise Perús, "De la possibilité d'une littérature prolétarienne en Amérique latine," *Europe* n. 575-576 (Paris, Mars-Avril 1977): 90-102. (Número especial: *La littérature prolétarienne en question*).

4   En esta-reproducción estética de la realidad que privilegian los sectores dominantes, e incluso sin quererlo, es decir, asimilando una ideología de clase, muchos autores progresistas, el "pueblo" suele reducirse a una figura 'esencial' que es parte de la naturaleza, portador de giros linguísticos, vestuarios, recetas de cocina, costumbres 'criollas', usos de instrumentos, etc. que lo convierten en representación folklórica, es decir, en una suerte de espíritu ancestral que no puede cambiar. ¿En qué medida estas 'representaciones' tratan de perpetuar imaginariamente, culturalmente, un modo de producción social en que ese pueblo sigue identificándose como simple fuerza de trabajo? Una fuerza de trabajo idealizada en los gestos y la indumentaria, esa que viste folklóricamente el patrón, el presidente o el dictador en ocasiones especiales, aún cuando regularmtne vive en la capital, ejerza de diretor de bancos, compre su vestuario en Miami y luzca galones de general de ejército.

5   Para un análisis de esta novela, véase el artículo de Alicia Sánchez R. "Emilia Pardo Bazán y el Naturalismo español", *Helicón* (The Ohio State University) 4 No. 2 (Spring 1980): 9-26.

6   Remito al lector a mi artículo "Aluisio Azevedo y el Naturalismo en Brasil", *Revista de Crítica Literaria Latinoamericana* (Perú) Año VI, n 11 (1980): 29-46.

7   Un fenómeno similar se da en la narrativa norteamericana de los años treinta, que ha sido caracterizada indistintamente como "proletaria," "social" y "radical." Se trata generalmente de una obra de sectores sociales y políticos de la clase media, que se ocupa del mundo obrero norteamericano adoptando una perspectiva ideológica marxista. Cf. Walter B. Rideaut, *The Radical Novel in the United States, 1900-1954: Some Interrelations of Literature and Society* (Cambridge: Harvard University Press, 1956), y David Madden, editor, *Proletarian Writers of the Thirties* (Carbondale & Edwardsville: Southern Illinois University Press, 1968).

8   El teatro obrero latinoamericano comienza a ser objecto de atención creciente por parte de los investigadores literarios. Véase, por ejemplo, los artículos de Judith Evans, "Setting the Stage for Struggle: Popular Theatre in Buenos Aires, 1890-1914", *Radical History Review*, 21 (Fall 1979): 49-61, y Pedro Bravo-Elizondo, "El Teatro obrero en Chile", *Araucaria* (Madrid) n. 17 (1982): 99-106.

CHILE'S NEW INDIAN LAW:
DIVIDING THE RESERVATIONS

James E. Officer
University of Arizona

In 1981—the centennial year of the conquest of the Mapuche Indians by the Chilean armed forces—officials of the Pinochet government announced that residents of all but 290 reservations in the country had requested division of their communally-held lands, and the passage of title to individual Indians. A little over two years before, when the *junta* began its program to partition Indian reservations, more than 2,000 were in an undivided status. Furthermore, only about 800 had undergone division in the previous country.[1]

The apparent rush to secure individual title did not mean any sudden conversion of the Indians to the free enterprise economics of Chile's now discredited "Chicago boys"; but, rather, resulted from a variety of pressures that had been mounting since the demise of the Allende regime in September 1973. In this paper, I shall describe some of the historical processes leading to the present situation, and risk some predictions concerning the outcome.

The Mapuches, better known as Araucanians, are members of one of America's largest Indian tribes. Social scientists—some of them now in exile—who worked with this group in the 1960's and 1970's placed their numbers at somewhere between 600,000 and one million.[2] Official government figures have characteristically been more conservative. A government official was quoted in June, 1981 as saying that the Mapuche population is around 25,000.[3] This is the same statistic the government was using in 1951 when I first went to Chile. Probably not included in the more recent "official" estimates are the urban Indians, of whom as many as 100,000 may now be concentrated in Santiago alone.

The Mapuches share with the Apaches and a few other scattered tribes the distinction of having retained their independence during the entire period of Spanish colonization, and they are certainly the largest American Indian group to enjoy the singular honor. They finally succumbed to outside control in the early 1880's, when Chile turned its full force against them following quick vitories over Peruvian and Bolivian armies at the beginning of the War of the

Pacific. Already on the law books was an 1866 act providing for the creation of Indian reserves or *reducciones*; and beginning in 1884, the Chilean government undertook to concentrate the Mapuches on small reservations created under the authority of that statue.

The original titles to the Mapuche reserves are interesting historical documents. To begin with, they are drawn up in the names of headmen who were the principal figures in the local, kin-based Mapuche communities. The title document lists all the members of each community, and the family relationships among them are shown. In addition, there is a physical description of the reservation boundaries, as well as a map. The Chilean courts have held that, even though the reservation may bear the name of the headman or *lonko*, the ownership interest is held in common by all those persons whose names appear in the title document.

Regrettably, we know little about pre-Columbian land tenure among the Mapuches, at least with respect to the question of whether there was a well developed sense of private property. Vicente Mariqueo Q., himself a Mapuche, states that "Private property only existed where the Mapuche built their houses and farmsteads. Private ownership of land was limited to the kitchen garden. . .".[4] Berdichewsky does not mention pre-reservation concepts of private property at all, stating flatly that the aboriginal system was "communal in the tribe or lineage."[5] Stuchlik straddles the fence, remarking that the available data lead to different conclusions. According to him, "in the pre-reservation period, the land was evidently under the common tenancy of particular residential groups and was concretely administered by them. It is very difficult to know to what degree the concept of individual tenancy existed; in any case, it appears that access to land was relatively easy."[6]

When it comes to contemporary Mapuche understandings about land, our authorities show considerably more agreement. Under the reservation system, the land assignments made within lineages tended to become fixed in particular nuclear families whose members then pulled away from the main lineage system.[7] Stuchlik believes this situation had developed on all reservations by the end of the second generation of land holders.[8] Contributing importantly was the increase in population dependent upon the fixed resources base. Stuchlik observes that the original reservations included common lands for grazing, woodcutting, etc., but these disappeared into the hands of individual families.[9] In a recent article, Aldunate also comments on the disappearance of common lands.[10]

Between 1884 and 1929, the Chilean government issued around 3,000 land grant titles (*títulos de merced*) to Mapuche groups. The exact figure usually quoted[11] is 3,078, although representatives of the present government told me in 1979 that they were able to find records of only 2,928, which is 150 fewer than the more widely publicized number. About 90 percent of the rural land in Mapuche ownership lies within the boundaries of these reservations. Mapuches also lived on homestead lands made available under various pieces of legislation; and some have lived for many years on public lands where they have had the status of squatters. In a very few cases, Indians possess what are known as "Commisar titles" to small acreages. These were issued between 1793 and 1840 in accordance with provisions of the Spanish-Mapuche "Treaty of the Canoes" and their status under Chilean law has sometimes been in doubt.[12]

Fewer than 10 percent of the Chilean reserves exceed 2,500 acres (1,000 hectares). About 75 range between 120 and 1,200 acres (50 to 500 hectares). As far as individual familes are concerned, a 1963 study by the Chilean Indian Office revealed that about two thirds had fewer than 50 acres (20 hectares), and more than half had fewer than 25 (10 hectares).[13] This means that a majority of the reservation-based Mapuche families have made do with farms under 25 acres in size. The land is devoted to agriculture and stock raising. Wheat is both a cash and a subsistence crop, sugar beets are sometimes grown for sale; oats are produced for pasturage. Potatoes and truck crops are grown primarily for subsistence, but occasionally when the harvest is good, may be sold in the public markets of nearby towns. Stock include oxen for plowing and pulling two-wheeled carts, as well as for fertilizer; sheep and cattle; goats and pigs. Some families have a horse or two, considered prestige items, and everybody has chickens. A typical Mapuche community in the southern province of Cautín consists of the families owning land on several contiguous reserves. Seldom do these communities have more than 200 permanent residents; and homes tend to be scattered in small, kin-based compounds. Even within these compounds, however, houses are spaced relatively far apart.

More than 65 percent of the reservation lands are in Cautín province, where approximately two-thirds of the rural Mapuches live. The metropolis for these Indians is Temuco, a city of more than a hundred thousand which has many frontier characteristics. The local elite consists of persons of German and Swiss descent, and Mapuches are often highly suspicious of these individuals whom they regard as usurpers of their lands.

The Chilean law of 1866, under whose terms the first Mapuche reserves were created, contained a clause providing for individualization of land, just as was the case with many United States treaties establishing reservations in the 1850's and 60's. According to the Chilean legislation, "If one eighth of the Indian family heads request the assignment of lands which shall be exclusively theirs, the engineers shall proceed to make the division and survey the boundaries of each, assigning to the cacique three times the amount of land granted to other family heads."[14] Since from the outset one of the goals of Chilean Indian policy was to move land from tribal to individual ownership, it was assumed that the support of the headmen would be forthcoming if they were provided larger allotments than others. Similar tactics were, of course, employed by United States treaty negotiators beginning in the early 1800's.

The real division of Indian reservations began in 1927 under the dictatorship of Carlos Ibañez del Campo. In that year, Ibañez issued a decree appointing a tribunal of three members to begin partitioning the reserves and conferring individual titles upon the members of a designated class of Indian beneficiaries. However, a year later, it was amended to provide that at least one household head on each reserve had to request division before it could legally begin. Ibañez reversed himself again in 1930, deleting the requirement for at least one petitioner, and increasing the tribunal to five members.

The law was changed once more the following year to require approval of at least one-third of the adult residents before commencement of the allotment procedure.[15] The one-third requirement remained on the books until 1972, when the Popular Unity government (*Unidad Popular*) secured the enactment of a new law providing for division only when requested by a clear majority of the adult residents.[16] The 1972 legislation also forbade division in cases where the individual allotments would not constitute economic units as that term was employed in the Chilean Agrarian Reform program. The effect of this enactment was to terminate allotment entirely, and no requests for division were approved between that year and 1979, when the current Chilean Indian law was promulgated by the Pinochet government.

The Indian land question was considered by two task forces on government reorganization and policy appointed by the junta in the aftermath of the overthrow of Allende. One of these was headed by the Undersecretary of the Interior and included a Mapuche who had earlier served in the Chilean Chamber of Deputies. The other was made up primarily of persons associated with the Ministry of Agriculture and seems not to have included any Indian representation. The recommendations of the first group had little, if any, effect on the law finally promulgated in March, 1979.[17]

In June 1978, the Executive Director of the Institute of Native Development (*Instituto de Desarrollo Indígena* - IDI) saw for the first time a copy of the draft law being recommended by officials of the Institute of Agriculture and Livestock Development, known as INDAP, a dependency of the agriculture ministry. He expressed strong objection to two of its provisions: one that called for complete individualization of Indian reserves within two years; another which limited the prohibition against the sale of Indian allotments to a period of one year.[18]

Shortly after expressing his objections in a letter to the Minister of Agriculture, this official resigned his position and was replaced by an employee of INDAP, which from about August 1978 took over control of Indian affairs in Chile. In that month, the Vice-President of INDAP told an audience of Mapuches that within five years all of the reserves would be divided and Indian farmers would be receiving credit on the same basis as other small landlords.[19]

Shortly thereafter the Minister of Agriculture announced that a proposal for a new Indian law was soon to be placed before the junta.

These developments aroused the concern of some Mapuche leaders and their friends, as did the commencement by INDAP of a program to convince reservation residents of the advantages to be gained from allotment, especially with respect to obtaining credit and technical assistance. In late August 1978, the Bishop of Temuco issued a declaration calling upon Chilean authorities to respect the culture and linguistic values of the Indians.[20] A copy of the declaration was provided by the Minister of Agriculture.

Throughout the fall of 1978, various Mapuche leaders expressed their concern about the intent of the pending decree, and stated their objections to the campaign that INDAP was conducting in the countryside to solicit allotment petitions. In October 1978, the Vice-President of INDAP again addressed an audience of Mapuches and told his listeners that the land division program would be voluntary.[21] The following month, a group of urban Mapuches sent a letter to General Pinochet asking the junta to reconsider the proposed law which the Minister of Agriculture had told them would be forthcoming in a few days.[22] Other Indians presented their case to a special Commission on Human Rights of the United Nations.[23] The day after the response of the Human Rights Commission appeared in the Santiago newspapers, the Minister of Agriculture delivered a major address on the new Indian law.[24] He said the intent was simply to confirm what the Mapuches had already accomplished; that is, the division of their land into private holdings. He pointed out that allotments would be exempted from real estate taxes, and asserted that fifty-eight Indian communities had already requested division of their lands. In thirty-three cases, he said, land surveys had been completed, thus affirming the fact that the allotment process had commenced even before the law was promulgated.

In his address, the Minister also asserted that "The announcement of this initiative has been sufficient to start a wave of agitation that does not emanate from either the affected parties or the organizations which represent the Mapuches, but from false front groups which screen well known political attitudes; and, in other cases, from a few people whose good intention no one can dispute, but who convert their idealism into sources of criticism for any solutions that are not perfect from their point of view." He went on to attack those who "see in communal property characteristic of the early period in the social evolution of nomadic people an example of the utopian collectivism to which they aspire." Finally, he presented a clear statement of the economic philosophy of the Chilean military government when he declared that "these theoreticians should be reminded that, in reality, private property, in addition to being a right, represents an innate desire of the human species, being clearer and more explicit when cultural development is greater."[25]

In January 1979, the agriculture minister issued another statement on the work underway, asserting that the surveys taking place on fifty reserves represented an experiment "with the aim of improving the procedures which will be put into effect when the new Indian law becomes operative."[26]

A few days later, the Chilean Ambassador to the United Nations responded to questions raised the previous November. In a letter to the President of the Ad Hoc Work Group on Human Rights in Chile, the Ambassador stated that the division of the reserves would take place only upon request of 100 percent of the residents. He also said that fifty Indian communities had been surveyed, and another fifty had petitioned for allotment.[27]

At a Mapuche cultural festival in Villarica in February of 1979, the organizing committee for the event, which included Mapuche anthropologist Domingo Curaqueo, sponsored round table discussions on several topics of general interest to the Indians. One concerned preservation of the culture base of the Mapuches. The participants approved a resolutions asking the Pinochet government to consult directly with the Indians before approving the new land law. The requested consultation did not take place, and on March 23, 1979, General Pinochet signed the decree in a special ceremony that received front page attention in the newspapers.[28]

The official government position during all the period between August 1978 and March 1979 included the following elements:

1.   The Mapuches are a highly independent people who, in fact, have long held their property as individuals; and the existing legal status of reservations does not recognize that reality.

2.   The new Indian law will clean up (*sanear*) a longstanding title problem for both the Indians and the Chilean government.

3.   Once they have individual title, the Mapuches can obtain credit and technical assistance from the same sources that serve other small landholders.

4.   Those who oppose land division are either socialists or dogooders out of touch with reality. In any case, they are not Mapuche landholders or spokesmen for recognized Mapuche organizations.

5.   The allotment program will be voluntary.

The law that emerged in March 1979 was harsher in many respects than even its strongest critics had anticipated.[29] To begin with, it provided that a partition action could commence upon the request of a single "occupier" (*ocupante*) who was defined as any person, whether or nor he or she had a possessory right deriving from one of the Chilean Indian laws, "who exploits an assignment within a reserve." Nothing in this definition stated that an *ocupante* has to be a Mapuche, which appeared to mean that an action to divide Indian lands could be initiated by a non-Indian who happened, with whatever justification, to be exploiting land within a reserve.

The law provided further that once a reservation was divided an individual titles issued, the former reservation area would no longer have the status of Indian land, and the owners would no longer be considered Indians. Unhappily, it also employed the terminology *liquidación de communidades indígenas* which suggested to some that its intent was to wipe out Indian communities, even though the language is Spanish legalese for "liquidating Indian *estates.*" Where Indians are concerned, the word *comunidad* has more often been used in the sense of a "community" of individuals, than as a "community" of goods (an estate), and, therefore, some ambiguity might have been expected. I spoke with a Chilean government official about this "double meaning" and after thinking about the matter for a few seconds, he confessed that it was perhaps an unfortunate choice of words.

The provision defining *ocupante* and eliminating divided lands and their owners from the legal status of "Indian" elicited complaints from Mapuches, as well as from non-Indians. The Mapuche culture centers, organized by the Bishop of Temuco through the *Instituto Indigenista* in that city, issued a declaration on March 26, 1979 objecting to several provisions of the law.[30] The Minister of Government dismissed the complaints as being those of individuals who had not even taken the time to study the provisions of the decree;[31] and a few days later the Minister of Agriculture stated that in spite of the liberal provisions of the law, INDAP would not divide the lands of a reservation on the solicitation of a single *ocupante* when it was evident that a majority opposed it.[32] Still, he did not propose that the language of the law be changed.

During the months of April, May, and June 1979, the Santiago papers continued to carry stories about the Mapuche land division program. These, for the most part, were favorable, although the independent newsmagazines *Hoy* and *Mensaje* gave some attention to statements made by those opposing the decree.[33] Meanwhile, the Vice-President of INDAP announced in May 1979 that 600 petitions for division had been received and that all Indian land titles would be "cleaned up" within five years.[34] On May 18, five Catholic bishops met with General Pinochet and expressed in milk tones certain concerns of theirs.[35]

Responding to some of the criticism, the Junta on July 12, 1979 announced amendments to the new law.[36] Among these was a change that authorized President Pinochet to define administratively the term *ocupante*. The paragraph referring to removing Indian statuas from divided lands and their owners was eliminated. At the same time he informed the press of these amendments, the Minister of Agriculture reported that a number of petitions received by INDAP had by then risen to 750.[37]

The 1979 Chilean Indian law, as amended, is an extremely complex one, and a short paper such as this cannot do justice to its nuances. However, the major features should be mentioned. First, as I have indicated, the partitioning procedure, in law if not in fact, can begin with the decision of a single *ocupante.* The law provides further that only individuals recognized by reservation residents as having use rights to land thereon may receive allotments. The amount of land going to each allottee is the amount that the local residents agree the person is entitled to exploit under traditional arrangements. On many reservations, there is a very great difference in the size of the plots currently in the hands of residents, and previous laws included an equalization requirement as a necessary part of the allotment process. However, the 1979 law does not contemplate equalization.

The law does recognize the ownership interests of those living away from the reservation (*ausentes*) who are descended from the original tenants in common, and under a complicated arrangement, provides for buying out the absentee interests. Past allotment acts have placed the burden of compensating absentee Mapuches on those who remain behind, but the 1979 law obligates the government to buy them out.

Once an allotment has been made and properly recorded, it is protected against sale to outsiders for a period of twenty years. However, it may be mortgaged subject to the approval of INDAP. Allotments cannot be partitioned even when the original owner dies, but must devolve on his descendents in an undivided state or be willed to a single individual.

Nothing in the law obligates the residents of a reservation to opt for division within a particular time or have it forced upon them. However, the only way they can escape the threat of a partitioning procedure initiated by one of their members is to draw up a pact of non-division (*indivisión*), which must be signed by everybody and properly filed. Those opponents of the new law with whom I discussed the matter felt there was only a very slight chance that any Mapuches would seize this opportunity. To date, I have heard of none.

Those who oppose the 1979 law have branded it a deliberate attempt to destroy the Indian land base and the separate socio-cultural identity that the Mapuches have always enjoyed in Chile. It may well be true that some of those favoring the decree support such goals. But it is also true that political and economic considerations of another sort are involved in the decision to promulgate a law of this type.

The military government of Chile is today one of the most anticommunist in the world, and the land ownership patterns of the Indian reservations represents a communal form of tenancy which, at best, is but a step away from socialism in the minds of those who support the junta's efforts. Furthermore, during the President Allende's administration, the militant young MIRistas (Revolutionary leftists) used the Indians as their agents to seize many large and middle-sized farms.[38] The Mapuches responded to their stimulus, not usually because of ideological identification with MIR aims, but because of their desire to recover lands they felt had been usurped. In the aftermath of the military coup, they paid dearly for that involvement, and some Mapuches who escaped death or imprisonment went into exile, especially in England.

Finally, the free market economists who took charge of Chile's commercial policies after 1973 did not see the million or so acres in the communally-held reserves as contributing to the country's economic future. Individualizing these holdings was consistent with their emphasis on increasing output through private ownership of the means of production.

The military government was less than open and honest with the Indians when developing the provisions of the existing law, and representatives of the Ministry of Agriculture seem to have put strong pressure on the Mapuches to accept allotment. They also sought and gained the support of a group of Capuchin monks who are quite influential among the Indians in the lake provinces, and who maintain a large Indian center on the outskirts of Temuco. These monks have been the force behind an organization called La Unión Araucana, which publishes a paper known as *El Araucano.* They also maintain a radio station that broadcasts in *mapudungu,* the language of the Mapuches.

Some of the large Indian landholders also turned out to be favorably disposed toward the new law, since it assured them clear possession of property whose title formerly they had to share with others. A few urban Indians, especially those who had never lived on reservations, also favored it, since they had not received any income from their legal right of tenancy in common, and what was being offered in exchange for surrendering that interest seemed better than nothing.

Mapuche supporters of the 1979 law have a voice and a conspicuous presence in the Regional Indian Council which was established by the government of Chile's 9th Region in 1977. The Intendente of Temuco appoints the members of the board of directors of the Council, which is similar in structure and function to the state Indian Commission in the western United States.

Public opposition to the law has come primarily from a few prominent Mapuches such as Domingo Curaqueo of the University of Chile,[39] urban Mapuche organizations in Santiago, directors of Mapuche culture centers on a number of the reservations, a few persons who write for such publications as *Hoy* and *Mensaje,* and from international human rights groups outside Chile.

In 1979, the Mapuche culture centers were providing the strongest opposition to land division, but these organizations, stimulated initially by the

Catholic Indian Institute of Temuco, have since been obliged to register as "associations" under the law pertaining to labor and other "special interest" groups. Their activities are carefully regulated now by the Chilean government, a development that has reduced their strength as a opposition force.

At no time during the preparation of the 1979 law did the Chilean government make a serious attempt to find out what had transpired in the case of the 814 Mapuche reserves that were divided between 1927 and 1973.[40] The unanimous opinion of all whom I consulted was that a majority of these lands have now passed out of Indian ownership. Nor did the government address itself to the most important question of all from the Mapuche standpoint—that of allegedly illegal usurpations of Indian land both before and after the creation of reservations. This was a topic of concern to the Popular Unity government of Allende, and the 1972 Indian law took it into consideration. That law also recognized the existence of Indians other than Mapuches in Chile and offered programs of education and other social services for them, as well as for Mapuches. The 1979 law referred only to Mapuches and, in their cases, only to the land question, while wiping out the Institute of Indian Development established in 1979.

Government representatives told me in 1979 that in surveying reservations for allotment purposes, they were finding that the Indians were in possession of all the lands granted them in the original title documents, thus putting the lie, they said, to popular beliefs about usurpation. They also reported that they were issuing titles to many Indians who had long squatted on the public domain, and were adding lands previously expropriated from non-Indian holders to certain of the reservations. I was unable to substantiate through personal investigation any of these assertions, but feel what they told me is at least in their eyes true.[41] The persons who made these assertions are technicians in the Indian affairs office, and from all I could determine, are generally sympathetic to the Mapuches, although they are supporters of allotment.

In spite of certain precautions that the junta has built into its law, the likelihood is great that much more land will leave Indian hands in the next generation or two. The fact that the allottees may not divide property among their heirs, but must either leave it to only one of them or to all in common, could well recreate and even complicate the existing troublesome situation of tenancy in common. Over time, each allotment could become a mini-reservation with more and more persons having use rights to smaller and smaller plots, so that the present problem of *mini-fundios* would become one of *micro-fundios*. If enhancement of productivity is a basic consideration of the Indian law, I cannot conceive of any solution for such a situation other than that of lifting the prohibition against selling the land, thus increasing the possibility of alienation.

The heart of the problem today is, of course, the fact that in the beginning an insufficient amount of land was granted to the Indians. The average per-capita acreage for the reservations was about six hectares at the time they were created. During the same period, European colonists were granted many times that amount per individual.[42] Chile was promoting self-sufficiency through development of the land, and the government did not consider the Mapuches efficient exploiters.

There seems to be a sufficient, organized resistance to Indian land allotment today to keep it from continuing. The information reported by *El Mercurio* in June 1981 that fewer than 300 reservations had failed to petition for division suggests that by the time the year 1984 rolls around—five years after promulgation of the Pinochet decree—all but a handfull of reservations will have been individualized. Given their past history, the Mapuches will, I believe, survive as a segment of the Chilean population with separate indentity. The present land division program, however, is a threat to that survival, whether or not it was deliberately conceived with that purpose in mind.

Notes

1   *El Mercurio*, 13 June 1981.

2   Bernard Jeannot, "El problema Mapuche en Chile," mimiographed. Oficina de Planificación Agrícola, Departamiento de Programación, Dirección de Asuntos Indìgenas, Santiago. Mes de febrero, 1972. Copy in author's possession. Bernardo Berdichewsky, *The Araucanian Indian in Chile*. Cophenagen International Work Group for Indigenous Affairs, 1975. United Nations Report, *Chile 1979: The Mapuche Tragedy*. Copenhagen International Work Group for Indigenous Affairs, Document 38, 1979.

3   *El Mercurio*, 13 June 1981.

4   Vicente Q. Mariqueo, *Chile 1979: The Mapuche Tragedy*. Copenhagen: International Work Group for Indigenous Affairs, Document 38, 1979.

5   Berdichewsky, *Araucanian Indian*, p. 8.

6   Milan Stuchlik, *Rasgos de la sociedad Mapuche contempránea*. Santiago: Universidad Católica de Chile, 1974, p. 72.

7   L. C. Faron, *Mapuche Social Structure*. Urbana, Illinois: The University of Illinois Press, 1961.

8   Stuchlik, *Rasgos*, pp. 72-75.

9   Ibid., p. 65.

10   Carlos Aldunate del Solar, "Alonqueo: Estudio de Terratenencia en un comunidad Mapuche (1906-1976)," *Actas del VII Congresso de Arqueología de Chile, Altos de Vilches, 27 de oct. al primero de nov., 1977*. Santiago: Ediciones Kulturn, 1979, vol. I, p. 182.

11   Alejandro Saavedra, "La cuestión Mapuche," *Cuadernos de la Realidad Nacional* (Universidad Católica de Chile), septiembre, 1970.

12   Helimuth Deiber Etcheberry, "Situación y problemas de los descendientes de aborígenes y especialmente de los '"indígenas' en la X Región," legal summary of Indian situation in the 10th Region of Chile, prepared by the Zone Chief (Jefe Zonal), Instituto de Desarrollo Indígena, La Unión, 7 de julio de 1977. Mimeographed. Copy in author's possession.

13   Fernando Celedón S. and Raúl Arriagada P., "Proyecto Capacitación y Desarrollo de Comunidades Indígenas. La Araucanía IX Región." Mimeographed. Copy in author's possession.

14   Alvaro Jara, , *Legislación indigenista de Chile*. México: Ediciones Especiales del Indigenista Interamericano, 1950, p. 43.

15   Ibid., pp. 67-100.

16   Chile. Congreso Nacional. Ley Num. 17.729, 5 de septiembre de 1972. Publicado en el *Diario Oficial*, 26 de septiembre de 1972.

17   Much of the information in this section was provided by present and former officials of the Chilean government working in the field of Indian affairs. I have included here only those data that my informants could support with documentation. I have copies of much of that documentation.

18   Alejandro Ruiz, "Los conceptos económicos y la sociedad Mapuche," *Documentos de la Frontera* (Universidad de la Frontera, Temuco), Núm. 2 (Primer Semestre, 1970).

19   *El Mercurio*, 6 August 1968.

20   *El Mercurio*, 26 September 1978.

21   *El Mercurio*, 4 October 1978.

22   *El Mercurio*, 12 November 1978.

23   *El Mercurio*, 22 November 1978.

24   Alonso Márquez de la Plata Yrarrazával, "Discurso en la 49ª Exposición Agrícola, Ganadera, e Industrial y la Feria Internacional de la Frontera," 23 de noviembre de 1978.

25   *El Mercurio*, 24 November 1978.

26   *El Mercurio*, 18 January 1979.

27   Sergio Diéz Urzua, "Carta de 25 de enro de 1979, dirigida por el representante permanente de Chile ante las Naciones Unidas al Presidente del Grupo de Trabajo *ad hoc*," p. 6, "Situación Indígena."

28   *El Mercurio*, 23 March 1979.

29   Decreto Ley Num. 2.568, *Diario Oficial de la República de Chile*, 28 de marzo de 1979, pp. 1-4.

30   *La Tercera*, 28 March 1979; *El Mercurio*, 29 March 1979.

31   *El Mercurio*, 28 March 1979.

32   *El Mercurio*, 30 March 1979.

33   *Hoy*, 4-10 April 1979, pp. 13-14; Cristian Vives, "Proyecto de Ley Sobre Indígenas: ¿Integración o Asimilación?" *Mensaje*, Num. 274, noviembre de 1978.

34   *El Mercurio*, 6 May 1979.

35   *El Mercurio*, 18 May 1979.

36   "Modifica el Título 1 de la Ley Num. 17.729, Fijado por el Artículo Uno del Decreto Ley Num. 2.568 de 1979, *Diario Oficial*, edición de martes, 10 de julio de 1979, p. 2.

37   *El Mercurio*, 7 December 1979.

38   Kyle Steenland, *Agrarian Reform Under Allende: Peasant Revolt in the South*. Albuquerque: University of New Mexico Press, 1977.

39   *Ercilla*, 20 September 1978, p. 15.

40   Instituto de Desarrollo Agropecuario (INDAP), "Listado de Comunidades Divididas en Virtud de Diversas Leyes Aplicadas," Dirección de Asuntos Indígenas, Temuco. Mimeographed. Copy in author's possession. (Covers divisions through 1973.)

41   One of my most pleasant surprises was the unusually high degree of cooperation I received from Chilean government officials at every level. I was permitted to examine and make copies of many documents in official files. I am grateful, of course, for this assistance.

42   Mariqueo, *Chile 1979*, p. 20; Aldunate, "Alonqueo," pp. 171-173.

ROQUE DALTON (1935-1975): POETA Y REVOLUCIONARIO

Armando Miguélez
University of Arizona

Cuando el lector se acerca al mundo poético de Roque Daltón queda vislumbrado por lo que pudiéramos llamar la facilidad de palabra. Pero esta facilidad de palabra no es embaucadora ni verborraica sino que es una facilidad de palabra para expresar acertadamente un sentimiento o para describir un estado de ánimo específico. El retoricismo verbal en Daltón no es más que una indagación en la forma como para no repetirse, como para no repetir la palabra ya dicha, literariamente gastada. Cuando a propio intento usa dicciones gastadas es para advertirnos de la vaciedad de esos retruécanos del lenguaje que han usado y usan los políticos demagogos y ciertas modas literarias. Hay, pues, en Daltón, una adecuación expresiva y referencial si bien esta correspondencia no es simple sino que presenta la complejidad de los dos planos correspondidos. Con los mecanismos expresivos Daltón plasma todas las variaciones temáticas de una realidad muy compleja de la que ni siquiera él está seguro, de la que siempre duda. Esta duda ideológica se refleja en el plano formal—en los paréntesis, en la ruptura funcional de la palabra en la oración, en la variación de formas poéticas empleadas, en el hibridismo topográfico del texto, en el "forzamiento" significativo. Es decir, que al igual que la realidad se encuentra inabarcable y escurridiza con multitud de matices así su forma poética está llena de experimentos, innovaciones y formas.

Ideológicamente hablando, vemos en la poética de Daltón una preocupación política y social que enmarca algunos de sus textos dentro de lo que pudiéramos llamar poesía política o comprometida; sin embargo, la forma literaria de comunicarnos ese mensaje no entra dentro de un estilo social-realista ni menos dentro de un estilo populista. Su dicción es iconoclasta en cuanto a la tradición formal pero a la vez no trata de explicar o analizar el mundo entorno de una manera simplista. No es demagogo en sus planteamientos y está consciente de dónde está, y entre qué coordenadas se mueve. Aun con una ideología marxista, el intelectual Daltón viene de las filas de la burguesía y "culturalmente, superstructuralmente," dice, "vivimos aún, a nivel mundial la era del capitalismo aunque histórica, económica y socialmente lo exacto sea decir que nos remontamos en la etapa de tránsito del capitalismo al socialismo . . . Independientemente de nuestras intenciones, escribimos para quien sabe leer. Diría más: si escribimos poemas, escribimos para quien sabe leer poesía . . . lo hacemos en un mundo en el que la mayoría no puede leer, no digamos periódicos, sino los letreros que indican que está prohibido continuar el camino porque ahí comienza otra propiedad privada. Este es un hecho real. Agravado porque nosotros mismos, los escritores y artistas . . . somos productos de la sociedad burguesa."[1]   Se da cuenta que entre la intención y la realidad hay un gran trecho y que sería hipócrita de su parte cambiar de la forma cultural de su clase para adoptar un que no le es propia por una simple simpatía ideológica con el proletariado. Además, Daltón, como Lenin,[2] cree que la cultura proletaria no se puede producir en un laboratorio, es más, cree, como Lenín también, que ésta no existe hasta que no haya un educación universal de las clases oprimidas y por eso no quiere hacer demogogía con un populismo falso, pecado éste muy común entre la izquierda burguesa tercermundista.

En Daltón se dan separadas las dos preocupaciones: la revolucionaria y la de escritor. Estas siguen caminos diferentes sólo hermanadas en la persona contradictoria y compleja del escritor-revolucionario. Pensaba que el camino al socialismo no era tan estrecho como lo pintó el stalinismo y que los partidos de izquierda no polían ser dogmáticos y que en ellos podían caber gente con la complejidad ideológica que él presentaba. El mismo dice a Cortázar: "Sinceramente, comprendo a la revolución y la hallo hermosa. Creo que tengo cabida en ella y que mis defectos y mis lados sombríos también caben en ella, conmigo. Porque si me dicen que este criterio moral mío por el que soy capaz de hacer crecer todas mis posibilidades de pasión debe ser combatido y anulado, yo digo, con fiereza si es necesario, que simplemente por él vivo y que, inclusive, yo iría a las filas de la Revolución para defenderlo en forma más eficaz. Comprendo que soy un hombre complicado y que mis criterios, también—lógicamente— complicados, no formarían la mejor agenda para una reunión de jóvenes comunistas, por ejemplo tan empecinado en el candor."[3]

El hecho literario en Daltón sigue las reglas dictadas por el desarrollo de las leyes internas del menestar literario. Su forma es tan revolucionaria como su otra preocupación pragmática de luchar físicamente por un cambio de las estructuras sociales y políticas de su país. Tenemos en Daltón otro caso más del rechazo del realismo social como expresión, a la vez de creer políticamente que el socialismo es la única alternativa para el cambio. Y esto contra lo que algunos marxistas a ultranza pueden creer no es antimarxista, es más, éste es el pensamiento marxista primero sobre el arte según una no desviada interpretación de los textos de Marx y Engels a partir de Lenin.[4] La tradición marxista más pura es considerar al arte como parte de la superestructura y por lo tanto dependiente de los planos económicos pero a la vez concederle a esta manera peculiar de concebir el mundo una cierta independencia creativa. Lenin, en su trabajo *la organización del Partido, y la literatura de Partido,* defiende esta autonomía y dice:

> La labor literaria es la que menos se presta a una comparación mecánica, a la nivelación, al dominio de la mayoría sobre la minoría. Está fuera de discusión el hecho de que es absolutamente necesario, asegurar el mayor campo posible a la iniciativa personal, a las inclinaciones individuales, una mayor amplitud al pensamiento y a la fantasía, a la forma y al contenido.[5]

Esta autonomía expresiva es la que practica Daltón desde . . . *La ventana en el rostro*[6] (1961) cuando tenía 28 años de edad y llevaba ya seis de militancia política. Nunca presentan sus textos poéticos una pretensión de escritura "popular" que pudiera reflejar supuestamente mejor su pensamiento revolucionario. Cuando quiere usar "literatura popular" lo que hace es transcribir poesía popular como en *las historias prohibidas del Pulgarcito*[7] (1974) en cuyo libro intercala entre las narraciones históricas y documentales de la historia silenciada de El Salvador, las coplas y refranes del pueblo. Sin embargo, toda su literatura es popular en el sentido gramsciano del término.[8] Para Gramsci, "en lo popular 'la belleza' lo basta. Se requiere un contenido intelectual y moral que sea la expresión elaborada y completa de las aspiraciones más profundas de un determinado público, de la nación-pueblo en una cierta fase de su desarrollo histórico." En este sentido, la obra de Daltón es popular, pero no populista y no cuantitivamente popular o de masas. Siendo de esta manera popular, no es tampoco elitista o vanguardista por el simple hecho de experimentar con la forma, ni menos una literatura del tipo "arte por el arte." Sus transformaciones formales en el plano de la expresión y del lenguaje funcionan con un objetivo revolucionario dentro del texto. Su poesía refleja esas "aspiraciones más profundas" del pueblo de que habla Gramsci en el ropaje artístico personal del artista que está consciente del martial que usa. En esta sentido la forma de Daltón es popular por esta conexión con su gente y por su ubicación en el tiempo.

El realismo en Daltón

De lo anterior obviamente se deduce que el realismo de Daltón no se parece a aquel de Stendahl de escribir lo que la retina ve. El realismo de Daltón conlleva un análisis y una mediatización formales y referenciales. Ileana Rodríguez ha visto muy bien esto en la novela de Daltón *Probrecito poeta que era yo,* al analizar los tres tipos de realismo tratados por Daltón en los tres códigos literarios para fraseados: el texto criollista, el policiaco y la crónica periodística. Los tres géneros aparecieron en un tiempo como códigos realistas de interpretación del mundo; sin embargo, Daltón pone en un plano irónico estos discursos para que veamos la parcialidad de su realismo. Según Rodríguez, el realismo de Daltón (1) no se refiere a la simple observación de los datos empíricos sino que presume la mediación de la conciencia y sus formaciones ideológicas; (2) no implica necesariamente un conocimiento directo de la realidad, sino que puede también basarse en su entendimiento teórico; (3) no necesita tener su referente en incidentes dados, sino que puede ser la ejemplificación imaginada de estructuras de comportamiento potencial, típicas en un momento real equis.[9]

En la obra poética de Daltón desde . . . *La ventana en el rostro*, se da esta misma idea del realismo literario si bien en su poesía, a diferencia de su prosa, no exista la ironía hasta su último libro poético, *Tabernas y otros lugares*. Los temas poéticos están en un plano de seriedad mayor que en la novela *Pobrecito poeta que era yo* que hace que las interpretaciones de los mismos sean más directas y no tan ambiguas. Esto no quiere decir que las formas en sus libros de poesía no estén trastocadas para adoptarlas a otras preocupaciones. Por ejemplo, la letanía como forma de canto rogativo, está usada en Daltón para describir la vida del anti-héroe indio Anastasio Aquino:

> Tu rostro unánime ante el pueblo: sangre en la sangre.
> Tu voz viril de campo enardecido: grito en el grito.
> Tu cuerpo, catedral de minúsculo rebelde: hombre en el hombre.
> Tu corazón de pétalos morenos, sin espinas: rosa en la rosa.
> Tu paso hacia adelante presuroso: ruta en la ruta.
> Tu puño vengador, alzado siempre: piedra en la piedra.
> Tu muerte, tu regreso hacia la tierra; lucha en la lucha.

> (. . . *La ventana en el rostro*, p. 76)

Y lo mismo hace con otras formas genéricas como la carta, la conversación, o la forma convencional del poema que Daltón transforma a su manera para darnos efectos orginales y siempre sorpresivos. El género en Daltón no es definitivo ni está definido por unas características ya hechas. Constantemente rompe estos moldes para hacer caber en la escritura todo: historia, reportaje, crítica, amor, arenga, fiesta. Sus libros no se acaban, se continúan; dialécticamente pasan de unas formas a otras sin que haya reptura. No sucede así, sin embargo, con las unidades poemáticas. Estas se acaban en versos concisos, terminanates y anticlimáticos. Por ejemplo, de *la ventana en el rostro:*

> Os habla, más que yo, mi primer vino
> mientras la piel que sufro bebe sombra . . . (p.16)

> Siento unas ganas locas de reír
> o de matarme. (p. 24)

> Además, debo
> la cuenta de la luz. (p. 25)

> El corazón sin tus manos
> es mi enemigo en el pecho. (p. 26)

En los libros se pasa de un realismo más poético en . . . *La ventana en el rostro* en el que el poeta define la poesía como algo limpio, sin odio (p. 38), aunque haya ya pasado el último vagón con las florituras modernistas, a un tono conversacional en la colección *poemas*[10] ya a un carácter de poesía comprometida en *Taberna y otros lugares*[11] porque el poeta en América Latina canta "hasta que se destroza los hocicos en el áspero muro de una cárcel." (p.11) Sin embargo, nunca es idéntica su poesía al panfleto o el manifiesto político. [12] Daltón tuvo una obstinación tremenda por mantener separados estos dos quehaceres y por eso despotrica contra el realismo social de corte stalinista: "no, no: el arte es un lenguaje/(el realismo socialista quiso ser su esperanot/cosa del mundo de Madame Trépat, Berthe Trepat). (*La taberna y otros lugares*, p. 173).

Daltón en su generación:

A Daltón se le ubica en El Salvador en la promoción de 1956 aunque sus libros comienzan a aparecer en 1961. En realidad es un poeta que se le puede encuadrar en el llamado "boom" latinoamericano. Se encuentra en medio de toda la vitalidad creadora de la literatura latinoamericana que surgió a mediados del siglo actual. El hecho de excliur a Roque Daltón y a muchos otros poetas de este "boom" demuestra que este "boom" fue una promoción orquestada por las editoriales argentinas y españolas para hacer su agosto con la novela, más leídas por el público consumidor que la poesía, sin preocuparse mucho de la envergadura del fenómeno. Estas editoriales estaban más interesadas en la promoción de un género literario, la novela, absorbido mejor por la burguesía lectora europea. Fernando Alvarez Palacios, en un estudio del ambiente literario de mediados del siglo en España, comenta que "el boom que apadrina España (habrá de recordarse que *la ciudad y los perros,* la primera novela del "boom," fue rechazada por editoriales francesas antes de salir en España) salta fronteras e invade otros paises con excelente éxito de público—plano comercial, motor, en definitiva, de los condicionamientos del gusto del lector y *presupuesto cultural* de más de un editor—convirtiendo a los hispano-americanos en las vedettes literaris del momento.[13]

Las bases del "boom" son mucho más profundas que el mero hallazgo de unos pocos de estos escritores por unas editoriales ávidas de literatura nueva. En cuanto a la poesía este renacimiento se venía ya gestando por un tiempo y tiene sus raíces en los dos grandes poetas de este siglo en América Latina: Vallejo y Neruda. Con ellos al frente, la poesía latinoamericana de alrededor del medio siglo va a tomar la senda nerudiana o vallejiana, la vena telúrica y palabrosa de Neruda o la concisa, posmodernista y aparentemente cabalística poesía de Vallejo. La fuerza magnética de estos dos poetas hizo que pocos se libraran de su influencia enriquecedora. Primero fue Neruda el que capitaneó a esta generación y después Vallejo. Saúl Yurkievich nos muestra en *Poesía hispanoamericana 1960-1970* cómo en un premio tan importante como el Casa de las Américas de poesía, en 1964 se da un cambio de estética y se cambia de influencia, se pasa de Neruda a Vallejo.[14] En 1963 Roque Daltón había dicho de Vallejo que era "el poeta más grande que ha dado América" y rastrea su influencia más atrás en el tiempo. " Es evidente," dice, "que Vallejo significa la influencia más persistente en la producción de las jóvenes generaciones que han venido surgiendo y madurando en nuestros países en los últimos 25 años."[15] Lo invoca así:

> Este cadáver
> que comienza a florecer
> la buena educación
> alza su filo—
> este cadáver que no me ha sido presentado
> mejor que vivo a pura muerte cede a las semillas del amor ondea pétalos . . .
> bajo el severo peso de su nombre vivido
> un día dijo coasa para siempre
> desde su muerte el mundo pesa más.

(Poemas, p. 99-100)

La forma vallejiana fue remedada por estos poetas de una manera constante. Aparecen trastocadas las partes de la oración, inclusión de hablas coloquiales en los poemas, juego con los elementos suprasegmentales y los signos de puntuación. A partir de Vallejo la nueva poética latinoamericana crea una expresíon polivalente y multiforme con una libertad absoluta en la manera de expresar los mismos contenidos de siempre además de ese recienvenido dolor por la liberación política que a partir de la revolución cubana se ha extendido por los países hispanoamericanos.

Roque Daltón está ahí, en medio de toda esa nueva expresión. Es parte de esta nueva tanera de hacer literatura y así lo reconocemos al leerlo. Su impronta latinoamericana nos viene dada, no por sus contenidos que a vaces no son concretamente referenciales sino por esa forma tan peculiar de narrar, de poetizar el mundo entorno e interno.

Hay en escritor además de Vallejo que también juega un papel muy importante en esta generación y que es como el hermano mayor. Este es Julio Cortázar. Como Cortázar, estos poetas del decenio de 1960 son escritores poltícamente compremetidos que escriben una literatura de forma intrincada. Como Cortázar, tienen de la burguesía y siguen con su forma burguesa puesta ahí para que el día que la instrucción proletaria alcance a la mayoría de la gente ésta pueda gozar de obras de arte permanentes. Como Cortázar, estos poetas están conscientes que la acción política es algo en continuo movimiento, mientras que el arte tiene la única opción de la perennidad en un decantamiento histórico. Dalton forma parte de esta generación.

Trayectoria poética de Roque Daltón:

Los primeros poemas de Daltón respiran un aire de seriedad como del que practica por prímera vez algo que de antemano considera sagrado. Sus retruécanos, parodias, contradicciones, sorpresas, metáforas, ex-abruptos, están puestos ahí para que impresionen ("sober la tarde," "la piel . . . bebe sombra," "pechos de aire"). El cierto sentido hay un dolor metafísico a lo vallejo. El poeta joven se enfrenta a un mundo caótico que canta con el corazón en la mano pero de una manera desesperada, existencialmente desesperada, muy serio. Aparecen la muerte y la soledad en muchos de sus poemas o una reflexión sobre un pasado adolescente que pasó con mucha pena y poca gloria entre el estudio disciplinado en un colegio de jesuitas. Sin embargo, después viene el desengaño con el encarcelamiento y el exilio. Con esto, aquel golpe vallejiano de "Hay golpes en la vida tan fuertes . . . Yo no sé," se responde combativa y esperanzadoramente como cuando rememora a Anastasio Aquino o cuando termina la carta poema a Nazim Hikmet con un "Hasta luego, sigamos izando la mañana."

Los cuatro libros que siguen a . . . *La ventana el rostro—El Mar* (1962), *El turno del ofendido* (1963), *Los testimonios* (1964), y *Los pequeños infiernos* (1967)—son libros más llenos y con una forma intencionalmente menos vallejiana, más nerudiana pudiéramos decir, más telúrica y palabrosa. Es cuando el poeta tiene que exilarse y es como si comenzara un andar geográfico hacia el centro: el mar, la noche, México, los terremotos, el otro mundo, la intrahistoria, el amor, que lo van, o cargando de experiencia sufrida "herido gravemente de vida," o quemándole las etapas de la vida donde la infancia es fieja, la juventud está acechada y el cambio de edad supone una búsqueda después de llenar la vida de ceniza o tener una juventud "de agua" tibia.

En toda esta historia personal hay sólo un desencanto combativo:

> Ahora la ternura no basta
> He probado el sabor de la pólvora.
>
> *(Poemas*, p. 110)

Hay en estos cuatro libros una lucha por encontrarse, y encontrar su identidad mestiza, americana que no es parte de dos cosas sino, como diría de Vallejo, es "una sólida unidad, en una sóla cara que mira desde América y que mira hacia América." El ser americano, latinoamericano, lo define el poeta en "Hotel German-American" donde su ser se perfila frente al otro de una manera imposible de descifrar y que, antes de polemizar, prefiere irse "sabiendo a odio lejos."

Por último, *Taberna y otros lugares* supuso el cémit poético de Roque Daltón pero la vez la ruptura para siempre con la poesía. La seriedad personal de antes, aquí se convierte en una ironía y un juego sucio permanentes, como vemos en esa falsa piedad ante la muerte del dictador que muere de una manera trivial a manos de su guardián, o las conversaciones extranjeras e hipócritas de la familia de Sir Thomas con la oligarquía nacional sobre la esencia y carácter nacionales de El Salvador. El poeta ya no tiene respeto por nada. La patria ya no existe, fue una mantira. El día de la patria "desperté a medio podrir sobre el suelo húmedo e hirente como la boca de un coyote muerto, entre los gases embriagadores de los himnos."

El nihilismo filosófico de . . . *La ventana en el rostro* se convierte aquí en una respuesta contundente contra la destrucción íntima y personal y a favor de la destrucción por la verdad:

> pero por la verdad, todos los lutos
> todos los charcos hasta ahogarse
> pero por la verdad todas las huellas
> aún manchadoras las del lodo
> pero por la verdad, la muerte
> pero por la verdad. (p.84)

Pero por la verdad el poeta en su último poema "Taberna," no puede hacer nada más que beber cerveza y hablar incongruencias porque "hablar" dirá el personaje Roberto en *Pobrecito poeta que era yo*, "no ubica, y si ubica, no te ubica a la izquierda sino en la chachlaquencia." (p. 106-107)

Conclusión:

En resumidas cuentas, en Daltón tenemos a un poeta preocupado por los mecanismos internos de su quehacer literario y un destructor de las formas tradicionales de expresión cogido de la mano de Vallejo, y a la vez, a un político que llevó a la praxis política sus convenciones. Su político en el arte es esa militancia formal que le llevó a redefinir conceptos como género, poesía y literatura en general, caminando en un realismo que tiene una conexión sui géneris con la realidad. En este sentido su literatura es realista a lo Luckács siendo su producto otra realidad que tiene cabida en el mundo perenne del arte.

Daltón pertenece por estilo y época al "boom" latinoamericano no sólo por su narrativa sino por su poesía que está entre Vallejo y Cortázar.

Su trayectoria poética va desde una gran seriedad en su oficio sólo capaz de hacernos reír por la ocurrencia de sus asociaciones y la ruptura de su gramática, a una ironía sarcástica de una persona que piensa que por un método de crítica directa no se consigue el efecto de catarsis que la poesía pretende. El desenfado de su última poesía escrita como en un estado ebrio permanente es una señal de la incapacidad del escritor como escritor de cambiar el mundo. Sólo el escrito en su vertiente de persona política puede cambiar el mundo pero no el escritor con su literatura.

Notes

1   Roque Daltón, et. al. *El intelectual y la sociedad* (México, D.F.: Siglo XXI, 1969), p. 15.

2   Lenín decía a los obreros: "instruíos, tomad la cultura burguesa, no os dejáis engañar por los que os dicen que en un laboratorio, sea cual sea, el nombre que se la dé, ya ha crecido una cultura proletaria." Recogido en Lenin, *Escritos sobre la literatura y el arte* (Barcelona: Edit. Península, 1975), p. 219.

3   En Julio Cortázar, "Una muerte monstruosa: Roque Daltón," epílogo a Roque Daltón *Pobrecito poeta que era yo* (San José: Edit. Universitaria Centroamericana, 1976), p. 485.

4   Ver Adolfo Sánchez Vázquez, *Las ideas estéticas de Marx* (México, D.F.: Editorial Era, 1977), pp. 17-25.

5   V. Lenín, en su trabajo *La organización del Partido, y la literatura de Partido*.

6   Roque Daltón, . . .*La ventana en el rostro* (México, D.F.: Ediciones de Andrea), 1961.

7   Roque Daltón, *Las historias prohibidas del Pulgarcito* (México, D.F.: Siglo XXI), 1974.

8   Antonio Gramsci, *Literatura y vida nacional* (Buenos Aires: Edit. Lautaro, 1961), pp. 100-101.

9   Ileana Rodríguez, "El texto literario como expresión mestizocreole; in memoriam," *Casa de las Américas* 126 (mayo-junio 1981): 56-62.

10   Roque Daltón, *Poemas* (San Salvador: Edit. Universitaria de El Salvador), 1968.

11   Roque Daltón, *Taberna y otros lugares* (La Habana: Casa de las Américas), 1969.

12   Roque Daltón representa en su misma persona las dos proyecciones de literato y hombre político lo suficientemente cercanas para poderse dar en él mismo y lo suficientemente lejanas.

13   Fernando Alvarez Palacios, *Novela y cultura española de Postguerra* Madrid: Cuadernos para el Diálogo, 1975), p. 76.

14   Saúl Yurkievich, *Poesía hispanoamericana 1960-1970* (México: Siglo XXI, 1972), p. 12.

15   Roque Daltón, *César Vallejo* (La Habana: s.e., 1963), pp. 9, 12.

YESTERDAY'S SOLDIERS: AN EPIGRAMMATIC APPROACH TO THE STUDY OF PROFESSIONAL MILITARISM IN SOUTH AMERICA

Frederick M. Nunn

Years of studying the military literature of Europe and South America have convinced me that at the beginning of World War II army officers thought about their world and perceived themselves in much the same ways as they had fifty years before. All the change and drama of the years between, say, the end of the Bismarckian era and *l'affaire Dreyfus* in Europe, and the consolidation of the *Estado Novo* and the Zarumilla-Marañón conflict in South America, affected military science and technology significantly but altered imperceptibly the essence of military professionalism—the thought and self-perception of officers. The transformation of professionalism into militarism in South America was not so much a corruption of European professional norms as it was their subjection to South America reality and *vice versa*. Ample evidence to support this proposition appears in professional journals, in essays on a variety of technical and non-technical topics, as well as in the memoirs and monographs of military leaders—i.e., the lore of the military profession in its written form.

Military literature is rife with repetition, reliance on precedent, outright plagiarism and slavish devotion to recognized authority. This is because it is so essentially didactic. An unkind reader might conclude that most of it is unoriginal pap. Someone assigned by a mentor or by choice to the task of evaluting its signficance would conclude probably that it is more traditional than innovate, more representative of a past (that never was) and a future (that might be), than of an uncomfortable present. Oftentimes the military mind produces pithy phrases that convey the professional essence in dramatic terms. With this in mind, I have assembled a representative set of epigrams—some might suggest bromides as more applicable—in order to convey my conclusions on the literature of the officer corps as representative of professional thought and self-perception. Each is drawn from my forthcoming study, *Yesterday's Soldiers: European Military Professionalism in South America, 1880-1940.*[1] Some directly reflect the ideas of military men. Others are merely appropriate to a particular era in which officers lived. Some merely convey standard, long-term ideals and values.

* * *

In 1891, an obscure French Captain anonymously published an essay in the prestigious journal of opinion and criticism, *Revue des Deux Mondes.* In an example of uncharacteristic originality Hubert Layautey admonished his colleagues:

> Remember that amidst the ruins of heirarchies that were, there will be no end to the need for social discipline, for respect, for abnegation—and that the army will always be the best, if not the only school in which you can learn these virtues.[2]

In the year of *Rerum Novarum*, early on in a decade of drama, the Catholic monarchist Lyautey saw the army as an element of stability, of tradition and sanity, in a Republic, secular, egalitarian milieux. He was shipped out to Indo-China when his identity was revealed.

Four decades later one of Lyautey's second-generation Brazilian disciples, an obvious *Estado Novo* partisan, editorialized:

> Party politics subverts hierarchy, menaces the unity of the Fatherland and endangers the existence of the nation thus exacerbating rivalries and heightening civil discord.[3]

Politics and military ideals had been antithetical in both the European and South American mind. In Brazil many officers—those in key positions—now backed a system which closely resembled their ideas on state, nation, and society and the relationships between them. Their Spanish-American counterparts showed comparable tendencies during the late 1930s.

* * *

Between Lyautey and Getúlio Vargas, French and German officrers, individually and in missions, had come to South America for the purpose of remodeling, purging, depoliticizing, modernizing—professionalizing—the armies of Argentina, Brazil, Chile, and Peru. To the modern-day Teuton and Gaul, the South American setting was frustrating, exhilarating, the end of a career, a new life—a mission. Their own essays and monographs tell us so. So do similar works on Chine, Japan, Turkey, Southeast Asia and Africa. These attitudes and motivations call to mind the lines from Reginald Heber's missionary hymn of 1819:

> From many an ancient river, from a palmy plain,
> They call us to deliver Their land from error's chain.[4]

Military missionaries toiled from 1886 until World War I in Chile, from 1896 to 1940 in Peru, from 1900 until World War I in Argentina, and from 1919 to 1940 in Brazil. They encountered a world as unlike as it was like the world they knew. Years after they were done, a French anthropologist named Claude Lévi-Strauss wrote of his own inter-war impression of the New World:

> The tropics are not so much exotic as out of date. It's not the vegetation which confirms you are 'really there,' but certain trifling architectural details and a hint of a way of life which would suggest that you had gone backwards in time rather than forwards across a great part of the earth's surface.[5]

Thus did the eminent structuralist describe the confrontation of all non-Iberian Europeans with "the tropics," "ancient rivers," and "palmy plains." The confrontation of Europe with South America was in all senses one between modernity and tradition. Two forms of reality interacted and fused to produce something unique: professional militarism.

* * *

The distance between military theory and military reality in nineteenth and early twentieth century South America was great, as the following quotations indicate:

> The ancients declared that a commander should have four qualities: first, intelligence; second, strength; third, good natural prudence; fourth, loyalty.[6]

The nineteenth century military record indicates some loss of momentum since the codification of medieval Spanish law. We all know how far short South American inheritors of Spanish tradition fell—and for that matter still do. Some years after Alfonso promulgated the above-cited law the Colombian novelist Gabriel García Márquez described reality—for much of the modern period:

> To the Europeans, South America is a man with a mustache, a guitar and a gun.[7]

He made no mention of intelligence, strength, prudence or loyalty. Military literature contains few such (mildly) deprecating passages. Don Gabriel's is a more credible appraisal than any official portrayal of nineteenth century professionalism.

Europeans had a lot of work to do, then. They plunged in with gusto, drawing upon the teachings of Carl Maria von Clausewitz and Alfred de Vigny, of Colmar Freiherr von der Goltz and Lyautey—the generators of their own professional lore. they were committed men, committed to a way of life heralded as "gilded poverty," "secular monasticism," "the incarnation of modern spirituality" and such *ad nauseam.* They perceived themselves as *apart from, yet a part of nation, state and society.* This perception was, admittedly, subject to question already. Clausewitz had written:

> Every special calling of life, if it is to be followed with success, requires peculiar qualifications of understanding and soul.[8]

But others, especially in the late nineteenth centuries, had a different view, shared by some South Americans as soon as the first effects of the professionalization process were visible. In Karl Liebknecht's words:

> Prusso-German militarism . . . has become not only a state within a state, but actually a state above a state. . . .[9]

Quite clearly the profession in Europe was controversial. France had her Socialists and anti-militarists, too, and they were as outspoken as Liebknecht and the Social Democrats.

* * *

Nevertheless, the process went forward so that by the end of World War I, roughly the chronological midpoint of my forthcoming study, South American officers subjected to French or German influence—or both—had begun to think like their mentors. The latter were intellectually representative of the past, the former were the political leaders of the future—the activists of the 1920s and 30s—mentors of the institutional *golpistas* of 1964. In South America, the *Rôle Social* and the Prusso-German concept of *Rittertum* blended in the process of professionalization to produce *la misión civilizadora* and *a missão indígena.* Religious crusader-mentality, similies, metaphors and analogies abounded.

> I am a man under authority, having soldiers under me; and I say to this man, 'Go,' and he goeth; and to another, 'Come,' and he cometh; and to my servant, 'Do This,' and he doeth it.[10]

Thus did the impressionable Ernest Psichari render *Matthew* VIII, 8-10, in the introductory pages to *A Soldier's Pilgrimage* (1917), a strange little book written after he underwent a religious experience. Psichari compared faith in Jesus Christ with the adject devotion of subordinates to their superior. Command, faith, and obedience were spiritual qualities. Emphasis on (allegedly) spiritual qualities encouraged a view of professionalism based on decidely romantic, often openly hypocritical ideals, that obivously were scorned by some and ignored by others. Nonetheless, the devout carried on, and it was they who published, they who justified, they who excused, they who officially defined and mythologized. It was they who led the way from professionalism to militarism. In 1920, a distinguished Chilean officer wrote his younger brother, who was about to be commissioned, that:

> Soldiers are like priests. At any time in any situation we are 'on the job.' Our rest can be cut short by a blast of the bugle, and even though in mufti our personality is not changed.[11]

The deep feelings of Captain Tolbías Barros Ortiz for his "calling" were not noticably different from those of the devout Frenchman. both reflected the influence of the nineteenth century Europeans who viewed the modern profession of arms as the last bastion of all that was virtuous.

* * *

During the 1920s, professional officers confronted, as never before, parliamentary politics—extremist, unpredictable, partisan, disruptive politics to their way of thinking—in both Europe and South America. They also began to show concern for laissez-faire capitalism and Anglo-Saxon cultural penetration. Only the French were inured to democracy by this time, but their criticisms of it differed little from that of Germans of South Americans. South American armies emerged from the war years as relics, and officers were conscious of it. The majority of officers were desirous of further professionalization, yet convinced of their already-established special qualities and position. They were conscious of the continual yawning gulf separating the ideal from the real. Lines by Graham Greene come to mind:

> The army is the most healthy profession possible—naturally I mean in a neutral country like ours. The annual manuevers do one a world of good, brace, the system, clear the blood.[12]

This could have been tossed off—or recast—by officers from most South American countries during most of the period in question.

Beyond maneuvers, however, most of their internal activity was political, based increasingly on precepts gained from their exposure to European professionalism. Carlos Ibáñez del Campo, Chile's General-President commented on the nature of politics in the 1920s:

> In reality, parliamentarism is a system of government resulted in sterility. It came to nothing more than interminable speeches on partisan topics. Purposeful action on problems of national progress was not forthcoming. . .Moreover, formalities were not even observed faithfully. . .[13]

* * *

Professional soldiers took notice, as never before, of just what was going on in Argentina, Brazil, Chile and Peru; the conclusions they reached on education, youth, health, labor, defense, military service and industrialization; on patriotism and morals; on egalitariansim and democracy; on culture and tradition, were similar because they had undergone similar professional experiences at the same time. They were "professional coevals." Their European and European-style training and education during the 1920s and 1930s convinced them they could speak for their state, nation, and society better than anyone else. For they believed they represented a preferable form of "change," "progress," and "development." Their self perception was close to the view of Francisco García Calderón:

> Before the establishment of the French mission, the army was ignorant of its duty and national role, and even among its leaders, patriotism did nothing more than conceal a profound ignorance of military science. Now everything has has changed and health and order reign in the barracks. [14]

Others of course did not agree and never would. Later observers, influenced by the turmoil of the 1930s saw South American armies as anti-democratic, untrustworthy and self-serving. As an astute OSS operative wrote during World War II:

> The army officers are strongly nationalistic. They have a tendency to think. . .in terms of [what is] best for the amry; they look upon foreign powers as potential dangers. . .and fear domination by the Anglo-American interests as much as, if not more than, domination by the Axis powers. [15]

Officers in South America continued to move toward militarism because they were professionals—not in spite of it. The South American environment had affected the European heritage; "heredity" could now affect the environment —a fitting turnabout.

* * *

South Americans were not much different from their European *compadres* at this time, although they professed their theories and took their stands in countries that were quite a bit different. In both the Old War and the New officers saw armies as links between past and future, as positive influences on the present. That archetypal symbol of *Rittertum,* Hans von Seeckt, wrote that:

> In its army, the State does honor to itself, hence nothing could be more dangerous to the army than to close the status it deserves in a State weakened by futile pacifism. [16]

Argentines, Brazilians, Chileans or Peruvians wrote the same way during the entire inter-war era. Similarly, they concurred with the Lyauteyesque Maxime Weygand's appraisal of the young officer as protector of tradition and mentor of subordinates:

> Our young officers, eager and motivated, imbued with the social signficance of their role. . .testify to the continuity of French values. [10]

Ritterum and the *Rôle Social,* then, certainly lived on in the Weimer Republic and endured the trials and tribulations of the Third Republic. The dramatic European events in the mid and late 1930s would not change this much, for officers said the same things and held the same opinions under the Third Reich and Popular Front.

* * *

South American military literature of the decade before World War II reflected both the conflict between the ideal and the real and a distinct belief in military solutions to problems of the present. In theme and content, South American officer class thought and self perception represented the ethos of a mature professional sector. General José Uriburu asserted his concept of government's and the army's role quite bluntly, saying:

> The government of a new nation shares in the constructive activities of orientation and encouraging creative efforts, [activities] which are incompatible with the absorbing preoccupation of crude politics.[18]

If one but struck out "of a new nation," these could be the words of European (or other South American) officers at any point between 1890 and 1940. Far to the Northwest, the Peruvian Manuel Morla Concha echoed Uriburu's sentiments in an essay destined to become a classic of military lore. Morla wrote:

> In the Indo-Hispanic nations of our continent, which are not the repositories, but the workshops of civilization, which do not represent the fruition of a civilization but the continuous forging of a culture, a firm and active form of government is imperative.[19]

The last phrase appeared in essays written by French or German officers, and it appears endlessly in South American literature of the post-World War II years. A good three decades before the institutional *golpes de estado* of 1964-73 professional military thought and self perception were being applied brazenly to national problems. The troublous decade of the Argentine *Concordancia*, Brazil's *Estado Novo,* the Chilean *Frente Popular* and Peru's *Aprista* growth provided ample justification for amy officers.

* * *

By 1940, it is my contention, South Americans had developed the basis for military ideology based on "national security" doctrines. Their non-technical literature indicates it. It still indicates an intellectual dependence on European models, which were themselves firmly grounded in an earlier, idealized past. The professional militarism of the second half of this century is intellectally and ideologically more representative of the pre-World War II era than it is of the post-war years of North American influence. The foundations and much of the framework of military professionalism were in place long before the United States became militarily significant, and began to adorn and remodel South American armies. The leaders of today are still yesterday's soldiers; for they still profess, as did José Muñiz y Terrones, that:

> Life is a struggle; society is conflict; war is progress, force is everything.[20]

So believed Europeans and their pupils for decades. In countries where the struggle to survive was constant, where politics appeared to divide society, where war still seemed to provide quick responses to national anxieties and where force was a political norm, the military could justify its existence in fulfillment of an internal imperative: The assurance of a future for the ways of the past. Yesterday's soldiers still do, there are examples aplenty in recent literature to support such a thesis. As Tobías Barros put it in the preface to the second edition of his book:

> Above and beyond external changes in uniforms, customs and aspirations, the values of the military spirit remain unchangeable, constituting the heart and soul of the true soldier's permanent vigil of arms.[21]

In fine, yesterday's soldiers—military professionals or professional militarists—represent *Rittertum* and *Rôle Social* as well as counterinsurgency and civic action. Their permanence on the political scene means that ideals and values of the past are being applied to the present in order to assure a future for the state, nation and society they claim to serve.

The military and civilian epigrams cited above merely hint at the consistency of military thought on nation, state and society; on government; politics, security and development. Thepithy citation can indicate the tenor of an officer's self-perception, but it takes a perusal of the literature in order to assess fully the signficance of consistency and content. Although the essay at hand focuses on the pre-World War II years, it is reasonable to conclude—if only in a preliminary way, at this stage—that consistency of both theme and content is also the case for past-war military literature.

Neo-Lyauteys abound in South America; Brazilian officers maintain the distaste for party politics they and the liks of Carlos Ibañez showed in the inter-war years. South Americans still revere their European mentor-idols (despite Germany's less than stunning performances at war and France's retreats from Africa and Southeast Asia, and even if all was not harmonious in mission-governmental relations); South America remains "exotic," somewhere between the tropics and the sophistication of Western Europe. Theory and practice remain far apart; for every example of Alfonso el Sabio's ideal, there is an opportunity, a careerist or a caricature, right out of García Márquez. For every Clausewitzian model, there is the officer who places the army above the state for less than altruistic reasons. Resort to scripture and clerical allusions have always abounded in military literature, and vocation has become an overworked analogy. Increasingly, officers are portrayed in fiction as parasites, hypocrites, as living anachronisms—one of the most valuable sources for on-going study of military-civilian relations is indeed the Latin American novel. Officers continue to portray themselves in a "holier than thou" way, as paladins of obligation, discipline and duty, of development, order and national integrity. In all these ways, whether consciously or not, they remain true to their origins.

Notes

1   Frederick M. Nunn, *Yesterday's Soldiers: European Military Professionalism in South America, 1890-1940* (Lincoln: University of Nebraska Press, 1983).

2   Louis Hubert Gonzalve Lyautey, "Du Rôle social de l'officier," *Revue des Deux Mondes* (15 March 1891): 443-59.

3   "Novo Regímen," *Revista Militar Brasileira* (Jan.-Dec. 1937): 1-12.

4   Bishop Reginald Heber (auth.), "From Greenland's Icy Mountains" (London: 1819).

5   Claude Lévi-Strauss, *Tristes Tropiques*, 1st Amer. ed., tr. John Russell (New York: Atheneum, 1961).

6   Alfonso el Sabio, *Las siete partidas*, tr. Samuel Parsons Scott (New York: Commerce Clearing House, 1931).

7   Gabriel García Márquez, "No One Writes to the Colonel," in *No One Writes to the Colonel*, tr. J.S. Bernstein (New York: Harper and Row, 1968).

8   Carl Maria von Clausewitz, *On War*, tr. J.J. Graham, 3 vols. (London: Routledge and Kegan Paul, 1962): I, Book I, Chapter 3.

9   Karl Liebknecht, *Militarism and Anti Militarism*, tr. Alexander Sirnis (New York: Dover Publications, 1972).

10   Ernest Psichari, *A Soldier's Pilgrimage (Le Voyage du centurion)*, tr. E.M. Walker and M. Harriet M. Copes (London: Andrew Melrose, 1917).

11   Tobías Barros Ortiz, *Vigilia de armas: Charlas sobre la vida militar*, 2nd ed. (Santiago: Estado Mayor General del Ejército, 1973).

12   Graham Greene, "Dream of a Strange Land," in *Collected Stories, 2nd ed. (New York: The Viking Press, 1982)*.

Latin America
in Art

THE NICARAGUAN MURAL MOVEMENT

Betty La Duke
Southern Oregon State College

Managua is still suffering from the devastating effects of the 1972 earthquake and the revolutionary war years of 1978-79. A "City of Roads" is the new name given to Managua by its residents. Like the arms of an octopus, these roads stretch from the skeletal ruins of the former city center to the new businesses, markets and residential sections in the outlying areas. Along the roads are many bright, rectangular areas of color in the form of billboards and murals which reflect the spirit of the "new" Nicaragua.

The production of these large, well-designed murals and billboards is sponsored by the Ministry of Culture. Directed by priest and poet Ernesto Cardenal, its programs reach city and farm populations through its network, Casas Populares de Cultura. The murals and billboards express the visual voice of the artists and the government through images and messages which are designed to elevate the social consciousness and cultural level of the people.

Some of the popular billboard themes illustrate issues of current concern, such as the recent literacy campaign, the health campaign to inoculate children against common diseases, the message that the armed revolutionary struggle is over and that there is now only one army, and the call to citizens to integrate themselves into the voluntary police (Figures 1 and 2). Other billboards are designed to emphasize the new consciousness of Nicaragua through portraits of the revolutionary heroes Augusto Sandino and Carlos Fonseca (Figure 3). Posters or smaller versions of the murals are also seen on doors and walls. Even the common marketplaces reflect the spirit of the new Nicaragua, particularly the militant role of women (Figures 4 and 5).

Though impressed by the quantity, quality and popularity of the graphic arts, I particularly enjoyed those murals designed and painted by artists who expressed their personal and individual styles. An excellent example of the stylistic diversity of Nicaragua's contemporary artists, ranging from expressionism though primitive painting and symbolism, can be seen in the three murals painted on three sides of an elementary school building located in the Luis

Alfonso Velásquez Park. Part of a recent reconstruction project since the revolution, the park is located amidst the skeletal ruins of the earthquake's devastation in the center of Managua. The newly-planted trees have not yet reached maturity, but the school walls have blossomed forth in a variety of colors, shapes and themes.

Luis Cerrato's mural is the only one in this group which is not part of a collaborative effort. Painted in an expressionistic style, his mural commemorates the heroic struggle and combative efforts of the men, women and children of Masaya during the revolution (Figures 6 and 7). The figures are over life-size, painted in massive, rhythmic groups which move from both ends of the wall toward the center. The tender meeting of a soldier and a child forms the central image (figure 8). The wall size is approximately 72 feet wide by 22 feet in height.

On the opposite wall, in complete contrast to Cerrato's mural, the open space of a flat white background contains a series of singularly painted, disconnected figures of women and children (Figures 9, 10 and 11). This mural was designed by Alejandro Conales and created in collaboration with Genaro Lugo, David Espinosa, Freddy Juárez, Romel Beteta and María Gallo. One of the images is of a woman reaching longingly to capture a bird, while another sits pensively with her hair floating into an undefined space (Figure 12). This mural's dominant feminine images do not seem particularly Nicaraguan but rather representative of an archetype or universal spirit of all women.

I became pesonally interested in the works of muralists Hilda Vogel and Julia Aguirre. Their mural is painted on the smaller end wall, approximately 36 feet long and 20 feet high. The theme of the mural is rural life. Julia Aguirre painted a traditional rural landscape scene (Figures 13 and 14), and Hilda Vogel composed a scene depicting children playing baseball and a traditional bullfight event (Figures 14 and 15). In Julia's landscape, one of the street banners read: "Alfabetización es Liberación."

Both women paint in a primitive style which indicates that neither has had formal art training. Objects are painted flat, without use of perspective or shading. Color is applied to outlined forms and much emphasis is given to detail by depicting, for example, all the leaves on a tree rather than suggesting leaf shapes though the use of impressionistic brush strokes or color.

This large painting project was a creative challenge for both women, as it was their very first mural painting experience. They, like the other artists, received no payment for their time or work, but all materials were provided by the Ministry of Culture. The women painted intensely for two months—May and June of 1980—in order to complete the mural in time for Nicaragua's first July 19th anniversary of the triumphal revolution. What is surprising about their painting is the unified appearance of the two separate sections of the mural in design, form and color. Their use of bright pastel colors and a shared mood of optimism and joy permeate the entire wall surface.

I had the opportunity to meet and interview both artists at the Ministry of Culture and at Hilda's home and studio. Both women had had but a brief few years to develop their talent. However, each works with an attitude of maturity and dedication. They are also articulate and proud of being artists "integrated within the process of social change in Nicaragua."

Hilda Vogel (Figure 16) did not begin painting until the age of 46. She is an active member of the Unión de Artistas Plásticos. She occasionally sells some of her works through a gallery in Miami, Florida. Her paintings have also been included in a series of international collective exhibits sponsored by the Nicaraguan Ministry of Culture in Bulgaria, Czechoslovakia, Cuba and both Germanies. According to her, she receives the entire price of paintings sold except 10 percent, which is used to cover the expenses of packaging, shipping and publicity. And she adds: "Before the revolution, artists were exploited. Money for sold paintings remained in the hands of the dealer and hardly entered into the hand of the artists."

Julia Agiurre (Figure 17), the younger of the two, began painting in 1973, following in the footsteps of her husband, a painter who studied art in Mexico and was later killed while fighting with the Sandinist Front. Like Hilda, she is also an active member of the Artists Union and has participated in several international exhibits. She describes her work as follows: "I make small drawings or sketches first on location in the street or in a house and then paint from these sketches. I paint every day. I enclose myself to work and don't need food, conversation, or anything until I'm finished. Painting absorbs me completely."

Both women speak with pride of their personal development, their art work, and their integration as women and artists into the present social and cultural structure of their country.

Figures 1 and 2. Billboards in Managua in 1980 emphasized that the armed revolution was over, that there was now "only one army," and urged citizens to join the voluntary police.

Figure 3. As in this scene in Matagalpa, bill-boards emphasized the new consciousness of Nicaragua through reminders of the revolutionary heroes Augusto Sandino and Carlos Fonseca. (drawing by Betty LaDuke)

Figure 4. "When the woman is present in the struggle, her work is invincible." a marketplace scene in Mangua illustrating the militant role of women in Nicaragua. (drawing by Betty LaDuke)

Figure 5. "The mothers of the heroes of Nicaragua." Marketplace scene in Nicaragua.

Figure 6. A portion of a huge (72' x 27')
wall mural by Luis Cerrato in Luis Alfonso
Velásquez Park in Managua. The mural
commemorates the activities of the people
of Nicaragua during the revolution.
See figures 7 and 8 for other
portions of the mural.

Figure 7. Portion of a wall mural by Luis Cerrato in Luis Alfonso Velásquez Park in Managua. See figures 6 and 8 for other portions.

Figure 8. The central image of the Luis Cerrato mural in Luis Alfonso Velásquez Park portrays the tender meeting of a mother and children. See figures 6 and 7 for other portions of the mural.

Figure 9. One of a series of figures of women
and children which form a large mural designed
by Alejandro Conales and created in Luis Alfonso
Velásquez Park by Genaro Lugo, David Espinosa,
Freddy Juárez, Romel Beteta and María Gallo.
See figures 10, 11 and 12 for other figures
from the same mural.

Figure 10. Detail from a series of figures designed by Alejandro Conales for a large wall mural in Luis Alfonso Velásquez Park. See figures 9, 11 and 12 for other details from the same mural.

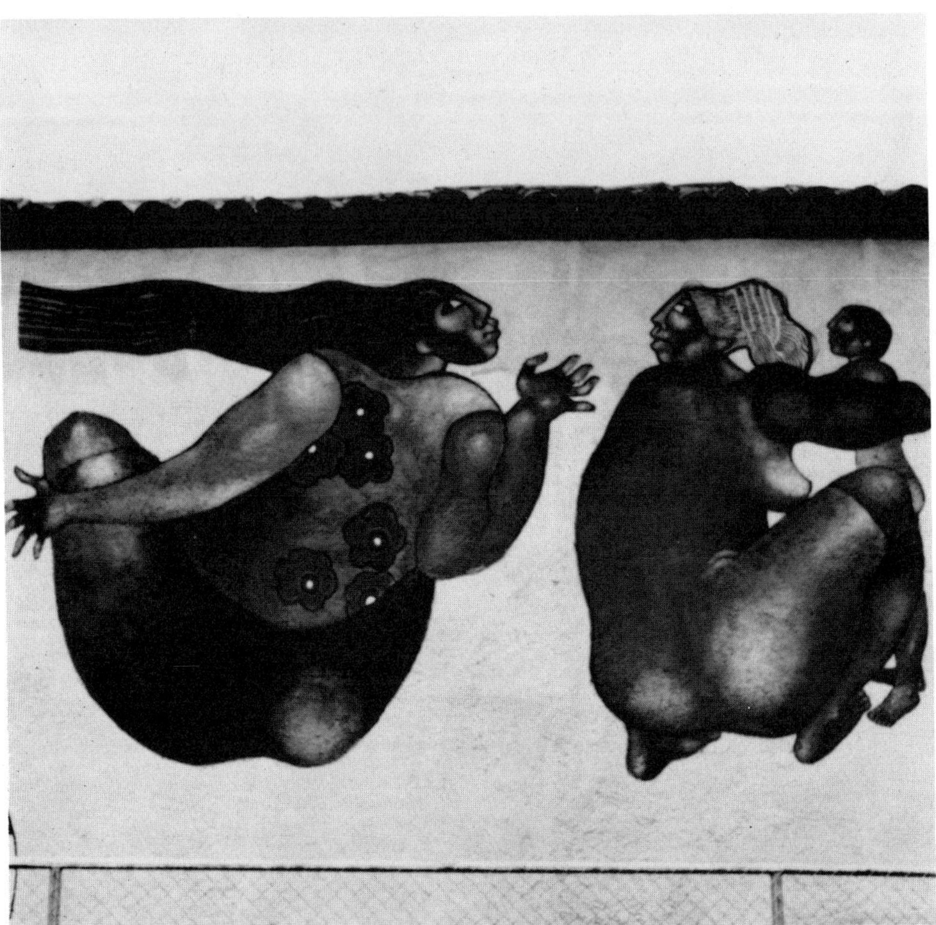

Figure 11. Detail from a series of figures designed by Alejandro Conales for a wall mural in Luis Alfonso Velásquez Park and executed by a number of artists. See figures 9, 10 and 10 and 12 for other figures from the mural.

Figure 12. Female figures from a series designed by Alejandro Conales for a wall mural in Luis Alfonso Velásquez Park in Managua. See figures 9, 10 and 11 for other figures from the same mural, which was executed by a number of artists.

Figure 13. Portion of a mural by Julia Aguirre and Hilda Vogel in Luis Alfonso Velásquez Park in Managua. The entire wall is approximately 36' long by 20' high. This portion, by Julia Aguirre, is a traditional rural landscape. The street banner reads "Alphabetization is Liberation." See figures 14 and 15 for other portions of this mural.

Figure 14. A traditional rural scene in a mural by Hilda Vogel and Julia Aguirre in Luis Alfonso Velásquez Park in Managua. See figures 13 and 15 for other portions from the same mural.

Figure 15. A traditional Nicaraguan bullfight scene depicted by Hilda Vogel in a collaborative mural by she and Julia Aguirre in Luis Alfonso Velásquez Park in Managua. See figures 13 and 14 for other portions of the mural.

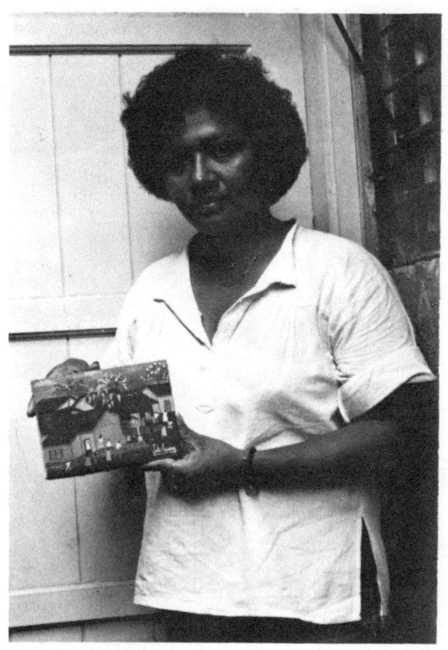

Figure 16. Muralist Hilda Vogel.

Figure 17. Muralist Julia Aguirre.

REVOLUTION, REACTION, AND THE RURAL CRISIS IN MEXICO

*Con la declaración de que prácticamente ya no hay
más tierras que repartir, el Estado no suprime la
lucha por la tierra, simplemente renuncia a su
papel histórico de mediador.*

—Armando Bartra

John W. Barchfield
Universidad de Guanajuato

Introduction

Mexico's agrarian sector has been the perennial source of both hope and desperation for the country's leaders. Over the past decade it has become progressively recognized to suffer from an unfavorable set of dynamics, the symptoms of which are aptly characterized by the term "rural crisis." Conspicuous among the dimensions of this crisis are a deficit in national agricultural production that has compelled the importation of more than twenty million tons of basic food stuffs over the decade,[1] a continuing evacuation of the countryside by between one and two million peasant migrants annually,[2] and a conflict between opulence and poverty[3] which has resulted in the institutionalization of malnutrition throughout the rural areas[4] and chronic and bloody violence in many.[5]

Background of Crisis

The roots of the present crisis extend into history. With the Spanish conquest commenced a process of concentration of Indian land in the hands of an elite European minority.[6] This social dynamic, accelerated by Independence in 1821, continued ineluctibly until, by 1910, 800 haciendas covered nearly four-fifths of the land area exploited; foreign (mostly U.S. and British)-owned enterprises some 40 percent of that.[7] Ninety percent of the rural population was landless and suffered a state of either peonage or unemployment.[8]

The ensuing revolution, its genesis residing in this inequity and in the complementary abuses of the nation's incipient industrial labor force,[9] was propelled by peasants seeking restructuring of the system of social relations.[10] It was not to be an easy task. The peasantry, lacking both organization and a coherent overall view of society, succumbed to the promises of the new bourgeois leadership to institute reform and laid down their arms or were defeated in the field.[11] The resulting Constitution of 1917, while recognizing the social function of landed property, legitimized private ownership in fairly large extensions.[12] Transfer from *latifundios* (Large private estates) to *ejidos* (agrarian communities) was regarded as the exception to a general policy of private property and could be secured only through petition by the landless to typical unsympathetic agrarian authorities.[13] As a consequence, before the genuinely reformist administration of General Lázaro Cárdenas (1934-1940)—when a considerable portion of the old *latifundistas*—and an increasing number of *neo-latifundistas*—(many of whom were "Revolutionary" personalities)[16]—there occurred a complementary change in policy which was to prove equally sinister from the standpoint of the peasantry as a whole. This was the decision of the political elites to replace the

Concomitant with the agrarian flaccidity reflected in the protection of old *latifundistas*—and an increasing number of *neo-latifundistas* (many of whom were "Revolutionary personalities) [16]—there occurred a complementary change in policy which was to prove equally sinister from the standpoint of the peasantry as a whole. This was the decision of the political elites to replace the former administration's policy of egalitarian rural-based development with the fomentation of important substitution-oriented industrial growth, to be fueled with the resources of the agricultural sector.[17] The goal, implicitly justified with the proposition, "what is good for the rich is good for the poor," was to be achieved through the granting of bountiful rewards to empresarial groups within the two sectors. The strategy was to be implemented with the aid of Rockerfeller-sponsored agricultural research in the "Green Revolution," the enthusiasm of the World Bank for behemouth irrigation projects, and federal government subsidies for important agricultural machinery and inputs and guarantee prices for output.[18] The result was, in its own terms, a success. Agricultural output expanded at a sustained rate of some 6 percent over the period 1945-1965,[19] creating a cornucopia which provided foreign exchange and cheap labor for urban industrialists and millionaire status for a small group of well endowed agricultural empresarios. The campesinos, however, fared far differently.

Institutions, Economics, and Social Polarization

Strategic to the situation of the relatively small number of peasant holders of commercial-quality land—primarily the *ejidatario*-beneficiaries of Cárdenas's reform—the ingredients of the Green Revolution—hybrid seeds, chemical fertilizers and pesticides—were highly expensive relative to the peasants' income and, therewith, beyond their direct reach. They were thus inserted into a state of dependency upon those who could provide the requisite inputs. The options were private owners of capital or the official agrarian bank. Neither have tended to be beneficent.

Where, and to the extent that the ejidatario has subordinated himself to private capital owners (frequently through outright illegal rental), the terrain has tended to be employed consistent with the external party's private maximization criteria. This has involved, on the one hand, the use of socially-inefficient capital-intensive techniques, high in foreign exchange costs and labor-displacing in impact, and, on the other, a tendency to "mine" the land, maximizing its immediate production at a cost of impairing its long term productive potential.[20] The ejidatario, loosing the return to his labor and receiving but a small rental fee for the use of his land,[21] has suffered severe social dislocation reflected in high rates of alcoholism, intra-community violence, and migration from the countryside.[22] Association with the official bank has frequently been even more noxious. First, the institution, seduced by the image of "modernness," has undertaken to impose the same socially-inefficient artifacts of developed country agriculture that are employed by the *rentistas.* Second, the bank—the official contraction *Banjidal* of its former name symbolically adjusted to read *Bandidal* (Bandit giant) by dissatisfied clients—was to become notorious for chronic inefficiency and virtually ubiquitous corruption. Credit arrived late for timely planting, incorrect but expensive inputs were delivered, payments for sales were "discounted" and/or arrived only after months of delay. Its influence has been not only to channel the wealth of the land to bureaucratic, commercial, and industrial sector actors and impose the social dislocation noted above, but to impair the effectiveness of the ejido as an institution of agricultural transformation.[23]

More significant, however, in explaining the present rural crisis has been the set of dynamics exerted upon the majority of private and ejidal peasants who occupy the semiarid, precipitous, rocky, or otherwise unproductive terrain inadaptable to the technology of the Green Revolution. It is they who, ironically, have traditionally provided the sustenance for the majority of the country's population. Their ability to survive has traditionally been based on the intensive use of their own labor and their minimization of exposure to unfavorable market relations as well as, in many cases, the opportunity to supplement the income from their parcels with complementary wage labor. The intervention of a number of variables has, however, progressively jeopardized this capacity to adapt. One has been the government's protection of livestock latifundios dedicated to extensive cattle raising for export which has insulated from land distribution tens of millions of hectares of terrain.[24] This, together with unremitting population growth,[25] has meant that the campesino population has had to seek its subsistence from smaller and smaller extensions of progressively poorer quality land, with a consequent decline in output per family. Complementing that factor as a cause of the debilitation of the peasant economy has been the ongoing sapping of the peasants' wealth through the unfavorable relationship in which they exchange a part of their output for the goods required from the industrial sector of the economy. Statistically, this is a consequence of the fact that, especially in the poorer areas, peasant market relations tend to be carried out through *apacaradores*—monopolistic intermediaries who, through selling agricultural inputs at high prices and purchasing output at low prices, systematically channel a significant fraction of the campesinos' value added to their own hands.[26] Dynamically, it is exacerbated by the fact that over much of the period under consideration guarantee prices for basic food-stuffs were maintained stable despite increases in the cost of agricultural inputs and other industrial goods.[27] Finally, as a consequence of the ongoing mechanization of agriculture resulting from official policy as well as private profit considerations, the opportunities to supplement their incomes with wage labor on large commercial enterprises were progressively diminished.[28]

Crisis and Response, 1970-1976

The rural crisis which is the product of the above technological, economic and political forces was becoming evident as a serious national threat by the time Luis Echeverria assumed the presidency in 1970. The surface area of seasonal land cultivated had dropped from 11.8 million to 9.9 million hectares between 1966 and 1969; production of corn and beans—the staples of the popular diet—declined from 9.3 million and one million tons to 8.4 million and 834 thousand tons respectively, over the same period.[29]

Addressing the challenge with the promise, "I shall not rest one day during my *sexenio* in the task of promoting the betterment of the campesinos. . .", the new president declared that "the model of development pursued up to now has been based on the decapitalization of agriculture," and the rural-sector-related programs he would pursue may be interpreted as an effort to overcome that debilitation.[30] The principle agent for this recapitalization was to be the State, and the principle tool, money: Over the period of the *sexenio* the budget dedicated to agricultural, agro-industrial and livestock activities expanded from M$2.6 million in 1970 to M$17.6 million in 1976; an average annual rate of 49 percent, or nearly twice as fast as that of the overal budget.[31]

Discerning that the private system of intermediation operated as a medium for the extraction of the small producer's economic surplus, and, therewith, the decapitalization of the countryside, the government proposed to overcome this problem through two vehicles. One of these involved substantial increases in the guarantee prices at which the government purchased important agricultural products.[32] Complementing this, and far more ambitious and strategic, was its vitalization of the official marketing agencies (CONASUPO, et.al.) to support the campesino producer. The philosophy reflected in the words of one official, "we are now convinced that the problem of agriculture in the traditional sector is related to economic relations rather than to infrastructure and technology",[33] the program undertook to penetrate the structure of socio-economic power emanating from the rural power structure by offering the campesinos a system of services under favorable terms to the elicitation of their production. The number of grain reception centers was virtually doubled from 1890 to 3111; 8000 retail stores were established in rural areas, facilities provided for the rental of agricultural equipment, the free lending of gunny sacks, the sale of fertilizer and improved seeds, and the organization of transportation services for agricultural produce.[34] Nevertheless, the program encountered the foreseeable problems of a socio-political nature which limited—and apparently progressively undermined—its success.[35]

As a vehicle for promoting capitalization within the wealthier regions of ejidal agriculture, the president declared mid-point in the sexenio.[36] "We shall . . . foster acceptance of the idea that the country's future lies in collective forms of production. . . . Collective agriculture with its ancestoral roots, fits into the modern concept of enterprise needed today and reinforces political and economic democracy."

Billed as the natural, obvious, and exclusive road to national salvation and purused by persuasion, importunation and cajoling,[37] the extent of collectivization achieved during the sexenio was in fact not great. Of some 25,000 ejidos in the country, 139 collectivized their operation and an additional 630 had officially declared their intention to undertake the process. An additional 4000 were interpreted—by the optimistic bureaucracy of the subsecretaría de Organización of the Secretaría de Reforma Agraria as being "in the process of organization" to the collective form.[38]

The failure of the collective form of organization to take hold can be attributed not to any lack of enthusiasm or dedication on the part of its promoters but rather to the generally well-justified suspicion of the campesinos as to its consequences.[39] By its nature the organizational change may be best understood as a strategy which undertook to replace the traditional mode of production conserving the ejidal members' economic and political autonomy with one which subordinated the agrarian community to State (and, indirectly, frequently private)[40] capital. As in the case of the operation of "rentistas" and the "supervised credit" of the Banco Rural examined above, the process of collectivization promoted, designed and organized "de arriba" operates to superimpose a capital-intensive production process that is by its nature not only socialy inefficient but inaccessible to control by its formal operators. The economic consequences of the system are to tend to redirect production, often to exports; and to engender a financial commitment to external sectors which—to the extent that it is not offset by non-recuperated official credit—extracts the ejidatarios' economic surplus, and therewith, foments decapitalization.[41] In a word, collectivization as it was pursued by the agrarian bureaucracy during the Echeverría administration, promoted the decomposition of the campesino economy and that exacerbation of the rural crisis.[42]

The third significant dimension of the administration's policy toward the agriculture dealt with the issue of land tenure. Despite his subsequent half-promoted image as an *agrarista,* the president's initial position was resistence to land reform, and the first three years of the sexenio saw campesino petitions denied, lost or ignored in the labyrinths of the SRA.[43] However, the impact of this stance in the face of the growing rural crisis was to further impair the precarious legitimacy of the State in the countryside, and, therewith to engender an increase in social unrest manifested in meetings and demonstrations, the taking of government offices, the appearance of guerrilla groups, and, especially the occupation of private landholdings by landless campesino groups throughout the republic.[44]

It was in this strategic context that the Echeverría administration conceded toward the end of 1973 that the struggle for land was "justified" and assured that the agrarian reform had not terminated.[45] Initially, the government proceeded cautiously, conveying to landless petitioners low-grade pasture land acquired through purchase at generous price rather than expropriation. However, campesinos, encouraged by the government's rhetoric, increased their pressure, and the official peasant organizations, pressed to maintain legitimacy, especially in the Northwest. It was in the rich agricultural state of Sonora where the most intense struggle for land was liberated, and which drew in the Echeverría administration as a full participant "on the side of the campesinos."[46] Faced with the increasing hostility of an agrarian bourgeoise threatened with loss of control over the land, the government attempted placation with the reasoning: "It is necessary to distribute land in order that those who have none will not constitute a danger to those who do."[47]

The agricultural empresarios were not reassured. They responded with threats to forego planting the winter export crops and organized candlelight parades and hung black crepe ribbons "similar to those which preceded the fall of Allende." Complementing these actions, business groups in twenty-four states purchased full-page advertisements in the dailies of the capital condemning "irresponsibility," "illegality," and "the move to collectivization," and commercial and industrial interests throughout the Northwest threatened sympathetic strikes.[48] The message was clear. Agrarian reform was not an acceptable tool for the solution of Mexico's rural crisis.

Continuing Crisis and Response, 1976-1982

In the context of the forces evoked by the strategy of its predecessor, it is not surprising that the López Portillo administrations' policy toward the rural sector should have been established largely on what agrarian analyst Armando Bartra aptly termed "the unintered body of *echeverrismo*."[49] Six weeks before assuming office the then president-elect met with representatives of the official agriculturalists' association, the Confederación Nacional de la Pequeña Propiedad, who subsequently expressed their confidence that government policy would "improve" with the incoming administration.[50] The official assumptions which were to underly justification of this policy change were several:

1. The rural crisis was strictly one of inadequate agricultural production: "The 'grand solution for Mexico'. . .is increasing agricultural production."[51]

2. The campesino mode of production is inherently inefficient as a vehicle for the achievement of production goals: "Minifundismo. . . not only signifies the pulverization of the land, but the pulverization of efficiency, of will, of capital. . ."; "the distribution of land. . .is complicated by the anti-economic pulverization. . ./it engenders/."[52]

3. The efficiency of ejidal production cannot be promoted effectively through association with the State: "The State does not and cannot produce. . ."[53]

4. The organizational form which is efficient is that of the large agricultural empresarios: "The *pequeña propiedad* (sic) is the most productive agricultural unit."[54]

5. Not only is agrarian reform incompatible with efficiency, it is inconsistent with social justice as well: "In continuing to divide the land. . . we would condemn the campesino to misery."[55]

It follows, ineluctibly, that "to confirm the tenancy structure" is the appropriate agrarian policy, both for the campesino and the nation.

*   *   *

López Portillo suggested the tenor of his policy toward the agricultural sector nearly two months before his assent to power with the statement,[56]

> It is now time to *stop speaking of the "problem of the countryside"* and start speaking of the "grand solution for Mexico" which is increasing agricultural production. It is now the time for the Mexican Revolution to *confirm the tenancy structure* and engage in the stage that is production, dedicating ourselves to work without dissipating our efforts, *without fruitless actions that only serve to destroy us. . .*

With the initiation of his administration López Portillo undertook to promote an environment creating confidence on the part of those domestic and foreign capitalist groups that had been badly frightened by his predecessor's rhetoric. In the agricultural sector, the strategy involved invocation of an "Alianza para la Producción". This *Alianza*—of owners of capital, land, and labor—was to encompass a united and single-minded dedication to work and scrupulous avoidance of dissent which would expand México's flagging agricultural production.[57] Totally out of order was contemplation by those who provided the labor of that base question of who was to be recipient of that production.

Many campesinos were not impressed. Despite condemnations by the leadership of the officialist agrarian organizations of " . . . professional agitators who under the false banners of the left try to take the country into chaos. . . .", and their affirmation of the need to ". . . participate in the effort to convey tranquility to the countryside . . .",[58] land invasions continued. In the ensuing months of the sexenio there occured occupations in Chiapas, Puebla, Hidalgo, Michoacán, Jalisco, Guanajuato, San Luis Potosí, Sonora, Sinaloa, México, Tlaxcala, Morelos, Tabasco, Oaxaca, Zacatecas, and Tucatán; over 800 invasions were reported in Jalsico and Nayarit alone during the first 100 days of the new administration. Additionally, *paracaidistas* took over the offices of the *Secretaría de Reforma Agraria* and other government buildings in Sonora, Coahuila, Durango, Nayarit, Jalisco, Querretero, Varacruz, Oaxaca, and Chiapas.[59]

The response of the State was repression. The first month of the sexenio saw campesino land occupations assaulted by public security forces in Guanajuato, Durango, San Luis Potosí, Sonora, and Sinaloa, and the imprisonment of campesinos in San Luis Potosí and Morelos. Subsequently, the ante was raised. Figures compiled by agrarian analyst Sergio Alcántara Ferrer indicate that in 1977, 242 campesinos were assassinated by official and private forces of repression and 244 were imprisoned; 80 more campesinos were killed during the first trimester of 1978.

For the succeeding nearly four and one-half years of the López Portillo administration information is available only in highly incomplete and nearly cursory form. According to this limited data the remaining eight months of 1978 saw one campesino leader assassinated in Chihuahua, one leader and 5 other campesinos killed in Hidalgo, 3 executed by the army in Guerrero, and 2 Indians murdered by *guardias blancas* in Oaxaca. Figures for 1979 include reports of 5 Indians killed in the community of Venustiano Carranza, Chiapas, 7 Mixe Indians murdered by the army in Oaxaca, and 2 by guardias blancas and one at the hands of the army in Puebla. 1980 saw threats of death, the burning of ejidatario houses and 22 detentions by the judicial police in Colima; 9 campesinos killed, 18 wounded, and 155 detained in a number of incidents at the hands of the army and guardias blancas in Hidalgo; at least 15 Indians dead, 18 wounded and 60 detained by the army in Chiapas; 3 executed by the army in San Luis Potosí; and 39 dead and 6 wounded by *pistoleros* and public security forces in various incidents in Veracruz.

During 1981, the figures for repression include 10 campesinos murdered by the judicial police of Morelos in one two-week period; 6 killed and 2 wounded by guardias blancas and 22 sequestered by the judiciales in Guerrero; 6 participants at an anti-repression meeting killed and 12 wounded by police "flying squads" and an additional 10 campesinos killed and 15 wounded in other incidents by state forces in Veracruz. In Hidalgo, 5 campesino leaders traveling to a meeting with state officials were ambushed and killed by "unknowns" while in Puebla 5 campesinos were murdered by guardias blancas. In different incidents in Guanajuato, local caciques and the judicial police sacked an ejido, beat men, women and children and detained 22 ejidatarios, killed one campesino, and destroyed a community's crops.

During the first eight months of 1982, one campesino leader was reported assassinated by unknown persons using "army regulation" weapons, a second was tortured to death in prison, and 16 ejidatarios and other campesinos were executed by the army and private forces in Guerrero; 4 ejidatarios were wounded by pistoleros of a cacique, men, women and children beaten and others detained in Coahuila; 26 campesinos were murdered by guardias blancas in a single massacre and 13 others were detained and tortured by security forces in Puebla. In Guanajuato at least two villages and one protest march were assaulted by state security personnel with men, women and children beaten, 58 imprisoned, orders issued for the apprehension of hundreds more, and crops and houses burned. In Oaxaca, at least 20 Triqui Indians were killed by pistoleros of caciques and soldiers; while in Chiapas, 2 Indians were killed, 7 wounded and 9 imprisoned. In Guerrero, 2 campesino leaders were ambushed and murdered.[60]

Repression, though the principle medium of support for the "Alianza, was and has been combined with the complement of rhetoric and some actual concessions to campesino demands. The former has included a variety of declarations from the SRA and other official circles. There have been assurances that "all/legally/affectable landholdings will be exproriated"; repetitions of the warning—first articulated in 1957—that "the distribution of land is practically terminated"; declarations that "to deceive the campesinos saying that land will be distributed where there are no possibilities is anti-revolutionary. . .solicitudes will no longer be received"; even indulgences such as "the present administration has made a reality of the revolutionary postulates of Emiliano Zapata" combined with "demands" that campesinos provide the SRA with "proofs and denunciations of latifundios in order that we may affect them."[61]

The administration claimed to have affected one million hectares of *latifundista* terrain on the alter of social justice and political stability during the first nine months of the sexenio.[62] but the circle of unmet campesino demands, land occupations, repression, and further decline in legitimacy continued. Finally, in the middle of 1978, the official *CNC* announced with fanfare the "discovery" of three latifundios still owned by individuals of at least former national political prominence.[63] These included a regional cacique of San Luis Potosí, Gonzalo N. Santos, and ex-director of the Banco Nacional de Obras Públicas and confidant of former presidents, Jesús Robles Martínez. The SRA dutifully announced it would instigate affectation proceedings and, in fact, it did.[64] Additional names dribbled forth—the Miguel Alemán family, the estate of the late Howard Hughes, that of the late U.S. president Lyndon Johnson, and the former governor of Oaxaca.[65] In the following years other large properties have followed including two in Sonora totaling over 80,000 hectares, one in Durango with a surface area of nearly 29,000 and another in Coahuila of 22,000 hectares.[66] Overall, the government has issued resolutions transferring 5.6 million hectares to campesino applicants as of the beginning of September of the present year.[67] But while López Portillo in so doing has proved he is no sycophant of celebrities, it is noteworthy that the properties affected have been largely the grazing lands of passive landlords rather than the irrigated land that remains comfortably in the control of the agricultural empresario class.

The "Alianza para la Producción" with its complementary principle of security for productive largeholdings achieved through repression and nominal land distribution, although an attractive concept for the agricultural empresario class, failed not only to forestall a progressive deterioration of the level of living of the campesino, it did little to foment agricultural production: Grain imports increased from 1.5 million tons in the last year of the Echeverría sexenio, 1976, to 4.4 million in 1979 and, assisted by a serious drought, an unprecedented 10.5 million in 1980.[68]

The government, doubtlessly disturbed by the internal political implications of the former and clearly frightened by the international political implications of the latter,[69] undertook to implement two institutional changes. The first, denominated *Sistema Alimentario Mexicano* (SAM), was initiated in 1980 and is aimed strategically at the poorer regions characterized by severe decapitalization. It encompasses a multi-faceted program to supplant the exploitation of the *acaparadores* with the beneficence of a government entity providing inputs at subsidized prices, cheap credit and crop insurance, and increased guarantee prices for basic crops.[70] Supported by a substantial budget, the program must be credited during its first year of operation with fulfilling an important objective: the promotion of national self-sufficiency in grain production.[71] With regard to the second objective—benefiting the campesino—the balance is more doubtful. One investigator reports, "the small producers are not the beneficiaries of the subsidies of SAM nor of the increases in the guarantee prices."[72]

The second institutional change is the *Ley de Fomento Agropecuario*, a presidential initiative enacted over heavy opposition at the beginning of 1981.[73] Of its various articles, the most controversial authorizes "associations" between domestic and international owners of capital and ejidos hitherto legally proscribed from such unions.[74] To the former group it is a means to channel resources into the sector and raise production.[75] To the second, it is a tool to sanctify and enhance the penetration and domination of the ejido by outside forces.[76] While there is some merit to the former and a great deal to the latter, in fact, the effects of the law should not be exaggerated. As was seen above, the process of "association" has already proceeded quite far in the absence of legalization and is limited far more by the quality of the land in question than by an abstract issue of legal sanction.[77] Nevertheless, as evidenced by the tremendous pressures surrounding its enactment, the law is expected both by its proponents and its opponents to have significant consequences.[78] In fact, by providing a formal mechanism capable of precluding the notorious abuses of the past—or legitimizing those abuses and securing legal security for capital owners—the impact of the law depends on the manner in which it is administered by the Federal government. But that, regretably, is not a reassuring conclusion.

Whether dealing with the *Ley de Fomento Agropecuario,* the *Sistema Alimentario Mexicano* or the most fundamental institution of all—the structure of landholdings[79]the determining variable is the capacity and resolution of the State to administer an organizational arrangement elements of which directly confront powerful vested interests that have long been beneficiary of the prevailing system. The preponderance of evidence emanating from the rural sector indicates that over the López Portillo sexenio this capacity—or resolution—has been low.

The Nature of the Future Dynamics

Miguel de la Madrid must be prepared to deal with the structures—technological, economic, but most basically political—which have provoked and perpetuated the rural crisis. For without a doubt, Mexico's greatest challenge in the 80's will be to confront the forces which underly that crisis and to redirect not only the rural sector but the entire nation consistent with balanced egalitarian development. Failure to do so will be tantamount to insuring a future not only of natural resource exhaustion and national dependence, but an increasing crescendo of social conflict which will threaten the very fabric of the society itself.

Notes

1   Dirección General de Economía Agrícola, SARH.

2   Rural census data (covering population centers of less than 2500 inhabitants) indicate populations of 17,218,000, 20,913,000 and 23,289,000 in 1960, 1970, and 1979, respectively. Consejo Nacional de Población, *México demográfico* (México, 1980). Assuming an average population growth of 3.5 percent, this would imply an average annual expulsion from the countryside of 336,400 between 1960-1970, and 557,000 between 1970-1979. These figures, however, fail to reflect the hundreds of thousands of members of the agricultural labor force who migrate seasonally to urban areas of the U.S., while their families remain behind. See "Migraciones internas en México," *Demografía y Economía* X (3) 1976: see also T. Rendón, "Utilización de mano de obra en la agricultura mexicana, 1940-1973," *Demografía y Economía* X (3) 1976.

3   A point reflected succinctly in the fact that by the most recent available official estimate, the top 5 percent of families enjoy a control over income greater than that of the bottom 60 percent. Secretaría de Programación y Presupuesto, *La distribución del ingreso y gasto familiar en México, 1977* (México 1977). The ensuing five years have seen both the expansion of some social programs and price subsidies and a voracious inflation; the suspicion is strong that the impact of the latter has more than compensated for the former for the majority of low income recipients.

4   According to the Secretaría de Salubridad y Asistencia, 52 percent of the overall population, 78 percent of all children and over 90 percent of all campesinos suffer from various degrees of malnutriton. *Uno Mas Uno* 6.V.82; *Excelsior* 14.V.82 and 9.X.81. See also Carlos Marin, "Desnutrición . . .", *Proceso* No. 195 28.VII.80, and M. Peraguello, "Desnutrición, patrimonio de subdesarollo," *Ciencia y Desarrollo* No. 22, 1978.

5   To a greater or lesser extent throughout Mexico and especially in the states of Chiapas, Oaxaca, Guerrero, Veracruz, Puebla, and Hidalgo, campesinos are regularly victim of forms of harassment such as the burning of houses and destruction of crops, invasion of land, false imprisonment, torture, and murder, at the hands of federal and state security forces, local police, and the *pistoleros* and *guardias blancas* in the hire of caciques and large landowners. Additionally, there exists intra-community violence as a consequence of land disputes. See J. W. Barchfield, "The Structure of Power and the Deformation of Agrarian Reform in Mexico," *Revista del México Agrario* XIV (Especial) 1981/82.

6   E. Florescano, *Origen y desarrollo de los problemas agrarios de México, 1500-1821* (México: ERA 1978); F. Chevalier, *Land and Society in Colonial Mexico: The Great Hacienda* (Berkeley and Los Angeles: University of California Press 1963).

7   G. Esteva, *La lucha para el México rural* (México: Siglo XXI 1979).

8   G. M. McBride, *The Land Systems of Mexico* (Wn.: National Geographic Society 1923).

9   R. D. Anderson, *Outcasts in Their Own Land* (DeKalb: Northern Illinois University Press 1976)

10   E. Wolf, *Peasant Wars of the Twentieth Century* (N.Y.: Harper and Row 1969); J. Womack, *Zapata y la Revolución mexicana* (Siglo XXI 1969).

11   Wolf, *Peasant Wars*; Womack, *Zapata*.

12   *Constitución de los Estados Unidos Mexicanos, 1917*, Art. 27, and appended agrarian legislation.

13   S. Reyes Osorio, et. al., *Estructura agaria y desarrollo agrícola en México* (México: FCE 1974), Ch. I; J.W. Barchfield, *Peasants, Politics, and Development in Mexico* (forthcoming), Ch. II.

14   In the years between 1915-34 presidential resolutions covering 10.5 million has. were signed, while between 1934-40, over 20 million has. were conveyed in that manner. D.G. de Estudios Especiales, SRA (mimeo), cited in *Peasants . . .*, Chpt. II, Table II.

15   M. Gutelman, *Capitalismo y Reforma Agraria en México* (México: ERA 1978) p. 112; A. Warman, *Los campesinos, Hijos predilectos del régimen* (México: ENT 1975); J. W. Barchfield, "La política agraria de México contemporaneo," *Revista del México Agrario* X(3), 1977, and *Peasants*, Ch. III.

16   For an example from the rich agricultural state of Sonora, see José Reveles, "Los latifundios de los cachorros de la Revolución, asegurado," *Proceso* No. 263, 16.XI.81; for a general discussion of the coincidence of large landholder status and political prominence, see *Peasants . . .*, Ch. IV.

17   C. Hewitt de Alcántara, *Ensayos sobre la satisfación de necesidades básicas del pueblo mexicano entre 1940 a 1970* (México: Colegio de México, CES No. 21, 1977); H. Cline, *Mexico: Revolution to Evolution, 1940-1960* (New York: Oxford University Press, 1963); Barchfield, *Peasants*, Ch. III.

18   G. Esteva, "La agricultura en México de 1950 a 1970: El fracaso de una falsa analogia," *Comercio Exterior* XXV(12) 1975; A. Warman, "Desarrollo capitalista o campesino en el campo mexicano," *Comercio Exterior* XXVIII(4) 1978.

19   Calculated from *Informes Anuales* of the Banco de México.

20   J. W. Barchfield, *Land Tenure and Social Productivity in Mexico* (University of Wisconsin Land
        Tenure Center, No. 121, 1979); Barchfield, "The Structure of Power . . .".

21   With regard to this dynamic see D. Barkin, "Agricultural Development in Mexico: A Case Study of
        Income Concentration," *Social Research* 1970; I. Restrepo Fernández y José Sánchez, "Minifun-
        dismo y latisfundismo en un distrito de riego," *Revista del México Agrario* IV (2) 1971; B. H.
        Tuckman, "The Green Revolution and the Distribution of Agricultural Income in Mexico," *World
        Development* IV(1) 1976; J. B. Nugent, et. al., "Winners and Losers: Dynamics of Income Distri-
        bution in Mexico's Papaloapan River Basin," Paper presented to the Pacific Coast Conference on
        Latin American Studies, San Jose, California, October 22, 1977; R. Múgica V., "Las zonas de
        riego: Acumulación y marginalidad," *Comercio Exterior* XXIX (4) 1979.

22   The catalyst in impelling these consequences is the decline in employment which promotes both
        alcoholism and therewith violence, and migration. See " . . . violencia, desunión familiar y austen-
        tismo laboral por el alcoholismo," *Excelsior*, 10.VIII.82.

23   Barchfield, "The Structure of Power . . ."; C. Hewitt de Alcántara, *La modernización de la agricul-
        tura mexicana, 1940-1970* (México: Siglo XXI 1978).

24   According to the legislation prevailing since 1937, a property may be declared inaffectable for
        agrarian reform—a "pequeña propiedad"—up to an extension sufficient to support 500 head of
        cattle. Where land has been judged to possess a low pasturing capacity the legislation legitimizes
        surface areas of up to 25,000 has. The prerogative of the relevant authorities to make such judge-
        ments has protected not only vast ranches but also agricultural properties as well. Barchfield, "La
        política . . .". A 1981 law declares that where such land is of cultivable quality all extensions in
        excess of that legal for an agricultural property will be subject to expropriation and conveyance to
        landless peasants. *Ley de Fomento Agropecuario*, Art. 43. A total of 847,000 has. is claimed to
        have been expropriated under the law. *Excelsior* 27.IX.82.

25   While it is now claimed that population growth has descended to 2.5 percent, it is only since the
        late 1970s that the rate was not above 3.0 annually, and the yearly net entrants to the labor force
        are estimated to equal 800,000. See C. W. Reynolds, "Labor Market Projections for the United
        States and Mexico . . ." *Food Research* XVII (1979). Moreover, the global decline in the birth rate
        is not substantially reflected in the rural areas: agricultural worker families continue to average
        eight children. *Excelsior* 14.VI.82.

26   For specific studies, see U. Oswald Spring, "La monopolización del mercado interno en México: El
        caso de la papa," *Comercio Exterior* XXVIII(11) 1978; R. A. Medellín, "Los campesinos cebaderos
        y la industria cervecera en México," *Comercio Exterior* XXX(9) 1980; and M. Flores de la Vega,
        "La política de Inmecafé y la sierra Mazateca (1973-1976)," *Comercio Exterior* XXIX(7) 1979.
        Also see *Excelsior* 2.XI.80, 15.I.81, 26.I.81, 9.II.81, 22.XI.81, 12.II.82; *Uno Mas Uno* 8.VIII.81,
        29.IX.81, 2.II.82; *El Día* 15.XII.81, 8.II.82, 9.II.82, and *La Prensa* 17.I.81. For a general analysis
        of the process, see J.W. Barchfield, "Estructura agraria y la dinámica del desarrollo en el Tercer
        Mundo," *Estudios del Tercer Mundo* (in press).

27   Banco Nacional de México, *Reseña de la situación económica*, years 1965-1974.

28   The suggestion that mechanization frequently causes unemployment, offensive to most of the ad-
        vocates of orthodox capitalist agricultural development, is acknowledged by the impeccably esta-
        blishment analyst, Paul Lamertine Yates. *Mexico's Agricultural Dilemma* (Tucson: University of
        Arizona Press 1981) p. 123. Also see Rendon, "Utilización . . ." For a discussion of the overall
        dynamic promoting and resulting from agricultural mechanization, see the present author's "Ideo-
        logy, Institutions and Technology in the Development of Underdevelopment: The Case of Agri-
        cultural Mechanization in Mexico." (forthcoming).

29   Barchfield, *Peasants*, Ch. III.

30   It may also be interpreted as a medium for securing greater political and/or economic control over the ejidal population and/or as a medium for channeling benefits to specific private capitalist interests.

31   A. Bartra, "El panorama agrario en los 70," *Investigación Económica* No. 150, (1979).

32   Banco Nacional de México, *Mexico Statistical Data, 1970-1979* (México: 1980).

33   M. S. Grindle, *Bureaucrats, Politicians and Peasants in Mexico* (Berkeley and Los Angeles: University of California Press 1977).

34   G. Esteva, "La experiencia de la intervención estatal reguladora en la comercialización agropecuaria, 1970-1976," in *Mercado y dependencia*, U. Oswald, comp. (México: Nueva Imagen 1979).

35   Esteva, "La experiencia . . ."; Grindle, *Bureaucrats . . .*; J. W. Barchfield, "La economía campesina y capitalista en la dinámica del desarrollo agrícola mexicana," Centro de Investigaciones en Ingeniería Agrícola, Universidad de Guanajuato (mimeo) 1981.

36   "Tercer Mensaje a la nación" in *Comercio Exterior* XXIV(9) 1974.

37   The principle medium of domination was control over credit. The *Ley Federal de Reforma Agraria*, 1971, and the subsequent *Ley Federal de Crédito Rural* provided that all official credit would be channeled to the ejido as an entity rather than dispensed to individual ejidatarios or small groups thereof. For other means by which collectivization was promoted see A. Warman, "La colectivización del campo: Una crítica," *Cuadernos Políticos* 9 (1977).

38   D. Markiewicz, *Ejido Organization in Mexico, 1934-1976* (Los Angeles: UCLA Latin American Center, Special Studies, No. 1 1980).

39   Warman, "La colectivización . . . ."

40   See, for example, D. Barkin, *Desarrollo regional y reorganización campesina* (México: Nueva Imagen, 1978).

41   J. W. Barchfield, "Od agrarystów de proletariuszy - Perspektywy mekskańskiej strategii kolektywizacji," (Agrarians to Proletarians: Mexico's Collectivization Policy in Perspective") *Wieś Wspólczesna* (Poland) No. 9 (1981).

42   The statement must be qualified. In the Yaqui and Mayo irrigation districts the land expropriated by Echeverría was conveyed in the form of collective ejidos which formed the Coalición de Ejidos Colectivos de los Valles Yaqui y Mayo. Under a dynamic and independent leadership these ejidos secured external credit and have so far succeeded in operating both democratically and productively. See G. Gordillo, "Compromiso y solidaridad," *Uno Mas Uno* 22.VIII.80; O. González López, "Acción en el Yaqui y el Mayo," *Excelsior* 21.XI.80, and Natalio Vázquez Pallares, "Triunfo de la Coalición Ejidal," *Excelsior* 22.IX.80.

43   Barchfield, *Peasants*, Ch. III.

44   See the Mexico City daily *Excelsior* over the relevant period for regular references to these events, or Barchfield, *Peasants*, Ch. III, or Bartra, "El panorama . . . ."

45   Barchfield, Peasants, Ch. III and Bartra, "El panorama . . . ."

46   H. Ramos García, El movimiento campesino en Sonora y el Frente Campesino Independiente," *Cuadernos Agrarios* I (1978); R. Jiménez Ricárdez, "Movimiento campesino en Sonora," *Cuadernos Políticos* (7) enero-marzo de 1976; and S. E. Sanderson, "Agrarian Struggle in Sonora, 1970-1976," Paper delivered at national meeting of the Latin American Studies Association, Pittsburg, April, 1979.

47   Jiménez Ricárdez, "Movimiento campesino . . . ," p. 77, quoted in Barchfield, *Peasants*, Ch. III.

48   Barchfield, Peasants, Ch. III.

49   "El panorama . . . ," p. 213.

50   *Excelsior* 22.X.76.

51   *Uno Mas Uno* 6.IV.78, statement of López Portillo.

52   Statements of López Portillo and Secretario de Agricultura Merino Rábago, respectively, quoted in *Excelsior* 15.I.77.

53   Statement of López Portillo, quoted in Bartra, "El panorama . . . ," p. 220.

54   Statement of López Portillo, *Uno Mas Uno* 6.IV.78.

55   López Portillo, "Segundo informe a la nación," *Comercio Exterior* XXVIII(9) 1978.

56   Lópex Portillo, *Excelsior* 9.X.76.

57   *Excelsior* 9.X.76, emphasis added.

58   See José López Portillo, *Pensamiento agrario del presidente* (México: Campesina 1978).

59   *El Día* 14.I.77; *El Universal* 1.I.77.

60   Bartra, "El panorama . . . ," p. 226ff; *Excelsior* 10, 18, 24, 26, 27, and 28.V, 2.VI, and 12 and 16. VII.77, Alcántara Ferrer, "La capacidad de respuesta del campesinado mexicano," *Revista del México Agrario* XIV(1) 1981; *Proceso*, Nos. 78, 96, 112, 118, 194, 221, 228, 248, 272, 304. *Excelsior*, 29.I.79, 7.III.81, 16 and 22.VI. and 1.VIII.82; *Uno Mas Uno* 25.VIII.80, 27.VI, 13.IX, 14.X, and 9 and 14.XII.81; 9.I, 1, 15, 20, 23 and 27.III, 14.V and 14 and 18.VII, 3.VIII.82; *El Día* 8 and 9. VII.81. It must be emphasized that not only do these figures cover but a fraction of the incidents of repression over the past four and one-half years, but they also fail to distinguish the specific direct impetus that underlies the repression. In some cases they result from attacks on campesinos occupying land claimed (legally or extra-legally) by large landholders. In others they occur as a bi-product of the invasion or attempted invasion by *caciques* and large landholders of land held by campesinos. In still others they are the response of the State to the progressively growing efforts of campesinos to organize independent political groups to resist their own expropriation. For an illustrative example of the latter, see *Uno Mas Uno* 14 and 16.X.81.

61   Sto. de Reforma Agraria Jorge Rojo Lugo, *Excelsior* 6.I.78; Adolfo Ruíz Cortines, "Mensaje a la nación," *Comercio Exterior* VIII(9) 1958, p. 1050; *CNC* leader Victor Cervera Pacheco, speech at Primer Reunión Sobre los Derechos de los Asalariados del Campo, México, February, 1981; subsecretario de Reforma Agraria Gonzalo Armienta Calderón, *Excelsior* 31.V.79; secretario de Reforma Agraria Gustavo Carvajal, *Excelsior* 17.X.81 and 9.VIII.81.

62   *Excelsior* 31.VIII.77.

63   *Excelsior* 14.VIII.78.

68   Banco Nacional de México, *Reseña de la situación económica de México*, LVI (656), julio de 1980.

69   As emphasized in his 1980 State of the Nation Message, López Portillo emphasized, "A country such as Mexico . . . cannot import its food without . . . putting in jeopardy its national sovereignty." "Mensaje a la nación," *Comercio Exterior* XXX(9) 1980, p. 1050.

70   SARH, *Reunión Nacional del Sistema Alimentario Mexicano* (agosto de 1980).

71   In support of SAM, in 1980 the *Banco Rural* announced a change from the Echeverría administration-adopted policy dedicated primarily to the financing of agro-industries and livestock, and commenced to support and promote basic crop production. Consistent with that change, according to

official data, the cultivated surface area benefiting from official credit expanded from 3.6 million
has. in 1979 to 5.1 million in 1980 and 7.3 million in 1981 and 8.5 million in 1982. Seventy percent of this credit is claimed to go to non-irrigated areas and 93 percent to recipients of ejidatario
status. *Excelsior* 13.VI.82. *Uno Mas Uno* 12.I.82; 8.IV.82; *Excelsior* 10.XI.81.

72   Nora Lustig, ponencia presentada ante el Segundo Seminario de Economía Agrícola del Tercer
Mundo, Instituto de Investigaciones Económicas de la UNAM, 31 de agosto de 1982. Also see, for
example, the analysis of SAM advisor Fernando Rello, "El Banrural utiliza al SAM . . ." and "La
burocracia impide al SAM . . . ," *Excelsior* 11 and 12.VIII.82; and the report of G. C. Zetina that
campesino leaders in Veracruz, Chihua and Guerrero acuse the director general of the Banco Rural
of permitting the granting of credits to "taxi drivers, businessmen, minors, public functionaries and
politicians who 'logically lack land'." "Frentes Políticos," *Excelsior* 13.X.80. Also see the statement of the CIOAC, "Se financia a 'grandes capitalistas del campo, ' " *Uno Mas Uno* 21.XI.81;
"lentas acciones del BANRURAL," *El Dia* 17.II.82; and "Denunciaron ejidatarios michoacanos de
ser explotados por parte del BANRURAL," *El Dia* 21.II.82. From the present writer's discussions
with many campesinos in the state of Guanajuato, SAM is *"nada más que palabras."*

73   See, for example, Nida Marin, "Necesario reformar el proyecto de ley," *Excelsior* 18.XI.80; C. Can-
ton Z., "Atenta contra la Constitución, afirman 92 diputados obreros," *Excelsior* 17.XII.80; Oscar
Hinojosa, "Discrepancias de legisladores obreros por la Ley Agropecuario," *Proceso* No. 215, 15.
XII.80; Aurora Berdejo, "Silencio y disciplina, orden a diputados campesinos," *Excelsior* 11.XII.
80; and Jorge Martínez, "Más de dos horas de cerrada polemica provocó el Art. 32 de la iniciativa
agropecuaria," *El Día* 21.XII.80.

74   *Ley de Fomento Agropecuario* Art. 32. Interestingly, the writer fortuitously encountered a statement of the *Confederación de Cámaras Industriales (CONCAMIN)* which preceded the public
unveiling of the projected law by over one year and, in representing the demand of private capital,
may plausibly be considered the inspiration for the legislation: "Although the private sector has
manisfested its interest in participating/in the fomentation of the ejidal sector/we are unable to do
so due to the lack of legal guarantees for investment." *Excelsior* 26.XII.78.

75   Indeed, according to the president of the *Confederación Patronal de la Republica (COPARMEX)*
the enactment of the law was ". . . the best New Year's present that President López Portillo could
give the country." *Excelsior* 26.XII.80.

76   Natalio Vázquez Pallares, "Sardinas y tiburones: Unión de Ejidos con Propietarios," *Excelsior* 15.
XI.80; M. Stephens García, "Fomento Agropecuario: Revolución y Contrarevolución," and "Ley
Perjudicial: Inquietud en el Campo," *Excelsior* 18.XI.80 and 11.XII.80.

77   For a discussion of the strategic importance of the quality of land to the nature of agrarian relations, see the writer's "Estructura agraria . . . ."

78   While there have been individual complaints of the operation of the law in specific locations, there
has, mysteriously, been no overall study promulgated of its impact. Thus agrarian lawyer and formal *CNC* official Hugo Tulio Meléndez, *CIOAC* leader José Dolores López and labor scholar Ismael
González note that "After one year and nine months since its promulgation . . . the *LFA* has been
silenced and lacks a precise evaluation." The *Secretaría de Agricultura y Recursos Hidráulicos*,
charged with the application of the law, ascert that it is difficult to determine the number of production units affected "because/the latter/are constantly being created" and it is impossible to
evaluate the consequences "because they require time to manifest themselves." *Uno Mas Uno* 13.
IX.82.

79   The degree of *de facto* land concentration in Mexico is at best very difficult to determine as a consequence of the multitude of media which are employed to elude accurate measurement. See
Barchfield, *Peasants*, Ch. IV. The degree of concentration may be accurately suggested by studies
of the independent *Central Independiente de Obreros Agtícolas y Campesinos* who claim that se-
venty-six families hold more than 32,000 has. of irrigated land in the Mayor valley and 3,845 cat-
tlemen possess almost 42 million has.—over one-fifth the entire national terrain. *Uno Mas Uno* 14.
V.82 and 16.V.82.

THEORY OF REVOLUTION
STARTING ALL OVER AGAIN

Clifton B. Kroeber
Occidental College

Until the early 1970's the theory of revolution was not yet on the way to becoming useful in identifying problems or in singling out targets for research. Most theories were based on a handful of examples known as the "Great Revolution," or they were taken from recent experience in the United States and Europe. Rather than accounting for the phenomena from beginnings to outcomes, the theorists' habit was to speculate about causes and about "stages" of the struggle between rebels and regime. There was some attention to ideology, personalities of leaders, supposed varieties of revolutionists, and revolutions as political movements. The effort languished after the late 1960's, perhaps because viewpoints became narrower and definitions were so elaborate as to exclude all but a very few examples—usually not more than four—from view.

But since the early 1970's the challenge to find useful theories is being answered by other writers. They have virtually abandoned assumptions drawn from psychology, from most political and sociological theories, and from the history of ideas, in favor of social-structural perspectives. Some of the writers base their work upon a much wider range of examples. They survey the range of phenomena from pre-revolutionary society to post-revolutionary outcomes. if we wish to understand new events such as Central America's revolutions today, or tomorrow others elsewhere in the world, it is heartening to see that the study of theory has been starting all over again with some promising early results.

Analytical writing on revolutions has come in three waves, of which the first began with the ancient Greeks and lasted until just before World War II. These writings were reflective, philosophical, and very preliminary and tentative as analyses. Whether we take up Aristotle or Thucydides, Machiavelli, de Tocqueville or Leon Trotsky, what we find are common-sense essays reflecting the wisdom and the maxims drawn from personal experience or from hard thinking about specific situations. Reading in such works is an obligatory initiation for anyone who has not personally "lived the revolution" in all its confusion and its sledgehammer personal impact. That long, enlightened span of thinking and writing came to a fitting close in the year 1938 with books by George Pettee and Crane Brinton which summarized in plain language their own best guesses and a distillation of much past writing. Of these books we will discuss Brinton's because his has continued to be the manual most widely used; because some of his best suggestions have yet to be taken up in research; and, most of all, because Brinton's message has been misunderstood and misapplied in spite of the long continued life of his book which had its final revision in 1965 and is widely available today.

Brinton decided to embody the wisdom of the ages within a modest attempt to compare four important and well-known modern cases of successful revolutions. He looked to England of the 1640's, to the English colonies of the Atlantic seaboard in the 1760's and 1770's, to the France of 1789 and to Russia in 1917 and after. In declaring this scope for his book he dubbed the French case a "great" revolution—no surprise from Brinton, who spent so many busy years studying that part of French history. But he did not allege that his four cases were a superior class or even typical cases, let alone that they could constitute a prototypical rank against which all other supposed revolutions must compare to deserve the name at all.

Indeed, Brinton said his cases were "not necessarily typical nor representative," and "It should be very clear that not all revolutions, past, present, and future, will conform to the pattern here drawn." His conceptual approach he explained at painful length, saying it was "not the only, nor necessarily the best, way of studying revolutions."[1] So far from setting these or any four revolutions above all others, and so far from selecting four of the same variety to typify all revolutions of whatever kind, Brinton named thirty different revolutions in his book.[2] He also referred to other kinds of revolutions far beyond the four examples he discussed in detail.

In the 1965 edition Brinton met this issue of scope and breadth once more, in several ways. He admitted to believing deep down in his heart that his working definition was drawn from certain cases only, from "a kind of central tough core not eroded out into looser strata of meaning."[3] To survey his list of prototypical revolutions is to see how far he was from dogmatic or narrow selection. He mentioned the "English Revolution of the 1640's and its sequel in 1688, the American Revolution, the French Revolution and its nineteenth-century sequels; or we think of nationalist revolutions like the twentieth-century revolutions in Ireland and Algeria."[4]

So much for his preferences; but, beginning in the 1938 edition Brinton had discussed many other examples and varieties as well. He is still the only commentator to include the slaves' and mulattoes' risings in the French colony of St. Domingue, from 1791 to 1804, as a slave revolution rather than a mere uprising by slaves. His range of examples stretches from Athens just before 400 B.C. to some processes still alive when he finished the 1965 revision. So, if anyone wishes to assume, as so many have done already, that history knows only four *real* revolutions, and we know this because we learned it from Crane Brinton, such a person will have to make those assumptions without the support Brinton never offered to such reductionist thinking.

It is well worth while pointing to other things Brinton did and did not do in his wise and interesting book. He did little with causes or beginnings. He discusses "early signs" instead of fixing upon causes. And he passes easily over the questions as to just when and where revolutions first commenced. He gives those considerations a few words to register his casual opinions. What he does explain more fully is the opposition often seen between two kinds of writers, those who opposed a revolution and who ascribed its coming to a conspiracy, and those favoring a revolution and who credited its success to a spontaneous rising of "the people."[5] In brief, Brinton did not feel sure of causes. As a historian he swerved away when available facts seemed less than comprehensive.

As for the typology Brinton casually offers, he said that that was a job for the sociologists. But he saw many forms of revolution, some of which are still not recognized in theory propounded since his time. He stressed "the revolution induced from outside,"[6] as in Poland after World War II. He repeatedly emphasized the need to recognize the many "abortive" revolutions such as the one seen in the War Between the States in this country. This insistence still distinguishes Brinton from almost all theorists who typically study only revolutions that succeeded. Brinton also pondered whether peaceful revolution was possible. He is still almost alone in recognizing that some nations have undergone more than one revolution and some have experienced many. He carried this thought toward its logical implication for the sense of identity of some peoples long dominated by others (he had in mind the Irish and Polish peoples and seems not yet to have thought of the Jewish experience).[7] He was probably the first and until very recently one of the very few to conceive of revolution coming from "the Right," from some conservative or reactionary sector of the society.[8] He toyed with varieties such as "democratic," socio-economic," "territorial-nationalist," and others.

So Brinton's statements seem all to be at the level of wise guesses and are well worth our attention. Let us remember, too, how cautious he was. His work, he said, should be taken as "preliminary" and "very tentative."[9] He meant only "to begin a work of systematization still in its infancy"[10] and was working "at a relatively low level of complexity.[11] He even admitted that his supposedly neat grouping of four similar cases did not really hang together when closely examined. The American Revolution was "incomplete" and in other ways unlike the other three; and the Russian Revolution also varied too much from the other three. To Brinton such inconformity was no disaster, since he knew he was simply toying with one conceptual scheme and with only four cases.

The next wave of analysis rolled in between 1940 and about 1975, and the basic propositions brought forth are still central to some of the most recent research.[12] As Jack Goldstone shows in his fine review article,[13] the leading theorists were James C. Davies, Ted Robert Gurr, Chalmers Johnson, Neil Smelser, Samuel P. Huntington, and Charles Tilly (to whose number I would add Harry Eckstein).[14] They tried to put contemporary social science theories to use in research that has sometimes been very laborious and thorough.

But the yield from this second wave of analysis has been disappointing. Almost all the works held narrowly to some one theory drawn from psychology or political science or sociology. The works themselves were almost all unmindful of the great chronological sweep of the subject and of many of its problems and issues. It was during this second wave when we were told that revolution cannot be identified as a social phenomenon until that period in the modern history of the West when people began to apply the word to political and socio-economic overturn of systems. The definitions narrowed. The allowable number of cases shrank from the dozens suggested by Brinton to six or even fewer. Statements of general laws and theories at times referred only to recent developments in the Atlantic world. It was as if the researchers consciously decided to turn their backs on all that wealth of unsystematic but wise commentary, left to us by some of the world's best thinkers and by veterans of revolution who were justly famous for the acute analyses they had drawn from their own experiences.

Goldstone's careful account of the assumptions, achievements, and shortcomings of the "second wave" writers is in itself a report of a research project. He very carefully traces the main varieties of analysis, each based in one main assumption as to causes of revolution. One school assumed feelings of frustration or deprivation to be the root of revolution. Another group assumed society to be usually in equilibrium, with revolution acting as a temporary pattern of conditions destabilizing that society. As Goldstone puts it, the research became an attempt to find and explain events that produce overly heavy stress in the system.[15] The third school of analysis assumed continuous competition, conflict, compromise, and coalition among interest groups, with the crucial events taking political form. Revolution thus is seen when "multiple sovereignty" appears, when more than one focus of loyalty and allegiance is available to people in the community. As Goldstone puts it, the revolution appears as "a combination of interest-group conflicts and resource control that exceeded the capabilities for conflict mediation [on the part of] current political institutions."[16]

As Goldstone and others have viewed these varieties of analysis, all assume some change in the society that in turn affects some one crucial factor—peoples' feelings, or societal equilibrium, or the political workings of the system. If the crucial factor then shifts significantly enough a revolution may result—depending of course, on last-minute circumstances.

A number of critics have expressed serious reservations as to the usefulness of this second wave of analysis.[17] My own view is somewhat simpler: that any or all of these varieties of analysis may some day be useful, in helping to foresee a revolution on its way. But if such predictive value does inhere in these theories to use them will require being on the spot even before the "early signs" of revolution appear; and one will need a good big research team, too. I mean to say that we will never have the profuse data these theories require, for any revolution already under weigh or already concluded. We cannot recover the feelings of Athenians of the fifth Century B.C. any more than we can now trace out the changing feelings of a multitude of Nicaraguans from 1950 to 1979. Even the third variety of analysis, the one derived from political assumptions and which does not require knowing peoples' feelings, seems unlikely to be useful in studying revolutions already completed.

To put all this in another way, some laws declared by these theories may hold true in some cases, but we know not which. Such is the predicament with that thought expressed by Alexis de Tocqueville and recently refined by James C. Davies,[18] to the effect that revolution threatens when living conditions or social status have been rising but then encounter a perios of setback. We cannot be sure that such phenomena do occur in every case.

So we come to another weakness of this kind of analysis. Unlike earlier writings from Aristotle to Brinton, these analysts seldom aimed squarely at explaining the course of revolution. They spent much effort on incipient developments and causes, and they were deeply interested in why revolutions occur at all. But they were not nearly so attentive to the degree or kind of social change revolutions may bring.

Most such analyses aimed at targets other than revolution itself. Some writers were trying to explain the occurrence of violence in societies;[19] some were broadly interested in social change; others sought to understand value systems or modernization. It is hard to find anyone in this second wave who followed Brinton's lead in putting revolution at the center, so as to grasp at problems we face in understanding the phenomena in their great variety across time and space.[20]

Most unfortunate of all, these writers avoided contact with the newer theoretical and monographic work which began to appear increasingly during the 1950's. This failing may be seen in two ways. First, there was a developing body of research and theory focused on essential social components, such for instance as peasants. Behavior of peasants during revolutionary times has been one of the difficult aspects to assess. It was touched upon by Brinton without his having enough ammuntion at the time to do more than point to it as an imponderable and important dimension. Now the peasants of many societies had been studied, in person or through their history, and competing theories of peasant roles were being set forth by such writers as Eric Wolf.[21] So also with other important writings bearing on theory of revolution; but the analysts of the second wave seemed unaware of these new and pertinent materials.[22] Some of these new contributions were central to revolutionary theory itself, such for instance as Clifford Geertz's important essay on "integrative" revolutions involving new states of South Asia and Africa.[23] But such new stimuli were overlooked.

The other development of which the analysts seemed unaware was that fundamental social theories upon which they based their own viewpoints were wearing down to futility. Many bodies of theory were in disarray, whether we look to the explanations of modernization, nation-building and nationalism, economic development and dependence, society and personality, or causation in human affairs. All were in deep difficulty. An especially troublesome example involved theories of value and value systems, since almost anyone studying revolutions gives important place to that consideration and no doubt hopes to find a simple and valid theory of value to put to use. Yet after much research the theories of value and value systems had not reached a useful stage.[24]

So, the second wave of analysis did not advance the cause very far. There was a tendency to fall back upon homilies and common-sense observations that had been recorded already by earlier commentators. There were some attempts to narrow the target, in ways discredited by earlier writers. We were told that violence must be present in all true revolutions;[25] that revolutions cannot run concurrently with independence wars; or that revolution arises only in the left-wing, radical sector of the population.[26] All this represented an uneasy effort to narrow the definition of revolution itself, and some definitions became so intricate and demanding as to disqualify cases long since recognized as revolutions by anyone who had observed or participated in or studied them. Sheldon Wolin was moved to object that "in a subtle way, social science is drawn into a contest with revolutionary ideology. Sometimes this is accomplished by using categories that demean or trivialize or devitalize revolutionary thought."[27]

Instead of accomplishing what so many of them wanted to do—arrive at a theory that would predict the coming of revolution—these writers were refining their knowledge of other subjects, or were studying a few uprisings, all of which had been successful. Little attention went to abortive or embryonic efforts or to those that fell prey to counter-revolutions or that failed to survive a military effort launched from beyond their borders. Meantime, the second wave had produced no theory that could apply to twentieth-century revolutions. By the early 1970's the divergence between theory and scholarship was widening, as careful monographic studies of nineteenth and twentieth-century revolutions appeared in increasing numbers. Most of this new literature dealt with cases excluded, by definition, from the standing theories. For their part many of the authors of these new monographs did not try to use the second-wave theories at all.

So, before turning to the third and current wave of theory, let us face facts and problems overlooked in the second wave, although posed or implied in exploratory writings before 1940. The first need today is, still, to recognize the multitude of cases so as to broaden the base upon which theory builds. As one example, we could look to the two socioeconomic revolutions in the French colony of St. Domingue from 1791 into the 1820's.[28] One was a slave revolt, the other a rising led by mulatto freedmen. White people composing the two uppermost classes of society went into exile or died or were killed. Land went to the people. Victory and independence for the new Republic of Haiti (1804) meant a long lease on life for the people's religion and language and for many other folkways. Crane Brinton is still the only analyst or commentator who has recognized that the events constituted a "slave revolution," not simply another slave revolt. Or, we could turn to what may have been an "integrative" revolution in the evirons of Athens led by Cleisthenes the Alcmaeonid about 507 B. C. Was the outcome of that an overlaying and subordination of both the kin-group and geographical bases of identity in the population? And was there the creation of an overriding allegiance to the city-state of Athens, resulting perhaps in a different sense of community and of identity for the people?[29] Or, we could ask after the case so clearly analyzed by Robert Kingdon, of Calvinist rule in the city of Geneva during the early Protestant Reformation in Western Europe.[30] We can read the fine study by Richard Alan White[31] who for the first time shows that Paraguay experienced a revolution during and after the difficult process of escaping Spanish rule and domination by her neighbors.[32] There are literally dozens of such examples of which present-day theories seem to be quite unaware. No analyst since Brinton has ventured even passing reference to the older centuries of history in or beyond Western Europe.

Of equal importance is to face the sheer complexity of individual and social involvement implied by the word "revolution."[33] Complexity is at the very surface of things: a rebel engages in one kind of "change" when attacking a regime, but seeks altogether different sorts of "change" after victory, while trying to implement revolutionary goals which have meanwhile begun to alter. In different social milieux the simultaneous and overlapping and successive relationships are bewildering indeed. It will be one thing to "make the revolution" in a homogeneous population with national identity of long standing. It was an altogether different thing to revolutionize a population such as that of India, possessing two hundred languages spoken by people with no experience as a nation. Nor is it safe to pass one's generalizations along from one century to the next or from one continent to another. The word "revolution" is today not so much a clarifying term as a mere symbol for whole congeries of phenomena whose relationships are still obscure.

When a revolutionary movement reaches the stage of open challenge to a regime the pressures for change are already various within the society, and to some extent the revolution itself, meaning radical change in the society, is already afoot. That picture will become much more complex when control has been won by the rebels, when their attempts at change begin to collide with traditional and ritualistic behaviors and attitudes.[34]

Crane Brinton tried to avoid strict definitions, but today we do need a definition to suggest all the phenomena we wish to understand. We may do best with the phrase "revolutionary activity" which suggests a whole spectrum of experiences rather than a hierarchy of successful rebellions. I would suggest using this phrase for all activities of revolutionary import, such as a secret meeting, a published manifesto, or a land-redistribution program. "Revolutionary acitivity" refers to any suggestion, any attempt, any achievement aimed at fundamental change in peoples' lives. As for the test questions going with the definition, I suggest two. First, does the suggestion or attempt or achievement aim at setting the society on a different basis: is it that radical, aiming at the root of things? It would be so if the suggestion were to establish a classless society. As for the second test question: Does the suggestion or attempt or achievement require for its enactment that the society be altered fundamentally in other ways? If so, that first suggestion (or attempt, or achievement) was "revolutionary"—as it would be in the United States in our time to speak seriously of a sexual revolution. Or, if the proposal is to change the division of labor, and no doubt also to alter the rationalizations of both old and new systems of labor, that would be a "revolutionary" suggestion.[35]

Whatever our definition, the associated theory must be complex enough to be useful. A very simple example is that for early states of dissension or rebellion, small-group theory may help. At a later "stage" when rebellion is growing rapidly and already encompasses hundreds or thousands of people, we may turn to theories of social movements, of the role of leadership, and of the impact of ideology. Still later developments and outcomes will see us putting into play some theories of civic culture, of values, of bureaucracy, and others. To take a specific Cuban example: one will seek those postulates best suited to understanding the results of Cuban efforts toward social mobilization and egalitarianism, whose beginnings were so clearly delineated by Richard Fagan.[36] What we are saying is that the second wave of theorists did not bring to bear the range of theories needed for understanding such ungoverned social changes as occur during revolutions.

By combining enough theories we will be less likely to define "stages" of revolution uniformly or superficially. With more complex explanations we may soon enough arrive at assemblages of theory to explain successive periods of the Latin American experience. Peter Smith has suggested the utility of a theory of Latin American politics for the years 1880-1930, a time of export booms.[37] Other combinations of theories may be possible for the period from the 1930's to the 1960's, and for the years since the 1960's.[38]

To help with all these uncertainties a body of useful new writing is now accumulating. Not all these new statements are complex enough to represent Latin American realities, but the statements are helpful because they are shaped for use in research. The specific propositions can be verified, disproven, or seen to be incomplete, by confrontation with available facts. Another promising aspect is that the new writers are alert to theory. They show why they prefer their formulations to those of others, and they indicate very clearly their assumptions and the sources of their thought.

Best of all, these writers have started to broaden the scope of inquiry once again. They study the pre-existing society carefully, as the indispensable basis for understanding post-revolutionary outcomes. They examine the whole range of phenomena from beginnings to outcomes. They are content to withhold judgment where the data are still insufficient as it so often is as to beginnings and outcomes.

Some of these new theorists, particularly Theda Skocpol and Walter Goldfrank have contributed strongly because they have taken the trouble to understand the pre-existing structure of the society involved. [39] Their explanations reflect close knowledge of relationships among socioeconomic groups. Equally well they reflect a sensitivity to government's importance as an actor in the situation (rather than as a mere echo of the desires of other interest groups). And these theorists always look for foreign involvements in the situation, from first to last.

Of the new statements, Theda Skocpol's is the most interesting.[40] She focuses on three dimensions throughout her study: world influences; the society (classes, groups, economy, elites); and the government. For this latter dimension, Skocpol in a neo-Marxian view prefers the phrase "the state," believing as did Marx that the state often acts autonomously, freer from simple domination by some one class than some other analysts would admit. Skocpol uses a structural perspective, spying out important relationships and conflicts in the society. She finds some pre-revolutionary influences acting independently of each other and looks for convergences. She accordingly gives "analytic weight to the conjuntural unfolding interactions of originally separately determined processes. Yet both the causes and the development of revolutions probably have to be understood in this way, which of course means that the analyses and explanations must be historically grounded.[41] Skocpol's is a rigorous method and she limits her explanations to those structural elements and relationships that can be seen in all societies she compares.[42]

In a brief work on Mexico's twentieth-century revolution, Walter Goldfrank paralleled Skocpol's approach.[43] He examined the same dimensions—the "world-system, the state, and class conflict." He sought to identify conditions "necessary and sufficient" to explain the coming, course, and nature of the revolution. Conditions "necessary" to explain the Mexican case would be "sufficient" if shown to have occurred "simultaneously or in a particular sequence."[44] Goldfrank thought he found four conditions explaining revolution "for any particular national society:" (1) a tolerant or permissive world context; (2) a severe crisis paralyzing the administrative or coercive capacities of the state; (3) widespread rural rebellion; and (4) dissident elite political movements.[45] He believed that the first three conditions mentioned above were sufficient to explain the beginnings of rebellion, whereas the fourth condition helped to account for the later and crucial turn of events which left Mexico with an uncompleted revolution.

A different approach was used by Jorge Domínguez in examining four Spanish-American colonies of the early nineteenth century, to discover why three revolted against the mother country while one did not.[46] He studied elites, masses, and government as crucial dimensions in those colonies. His comparative method enabled him to set aside many "causes" ordinarily stated by historians as accounting for the outcomes. His findings include the statement that the Spanish government's system broke down because it was both "too traditional and too modern" to meet all the pressures, and that outcomes—loyalty in one colony and insurrection in the other three—depended in each case upon "political bargaining" and the formation of political coalitions.[47]

Domínguez's approach, from a political scientist's view akin to the pluralist, interest-group theory of Charles Tilly,[48] may seem to be far separated from that of Skocpol and Goldfrank who lean more heavily on Karl Marx and Max Weber. But these writers are doing the same constructive things. They begin with close study of structural configurations of pre-revolutionary society. They are keenly aware of foreign influences. In very different ways they focus upon the role played by the government. They fully discuss their reliance upon some authorities and their distrust of others. Their own theories are intended to encompass the known facts. This approach seems likely to clarify such long-standing questions as the roles of elites, and whether or not peasants will become revolutionaries in different societies. Skocpol proposes a formula for finding answers to this question about peasants.[49] Domínguez makes a thoughtful contribution, and Jeffery Paige has given a long comparative study to that general subject.[50] So, although Domínguez's and Skocpol's theories are not the same—Domínguez's devised to explain the interplay among politically potent interest groups and Skocpol's much more broadly involved with the whole societal structure—these new theories are well designed to be useful to other scholars studying other situations that seemed to lie on the margin between revolt and revolution.

In other recent writings there is ample recognition of the need to understand many forms of revolutionary activity—peaceful changes of a radical nature,[51] those of limited scope,[52] "deferred" revolutions and those slow to develop, those that were aborted or overwhelmed, as well as the few that have run a full course by displacing a regime and then going on to "success," whatever that meant.[53] The most important shift is the turn toward Karl Marx's and

Max Weber's views of social structure and social change, these two sources of thought not dominating by any means but being put to use in shaping theory. It remains to be seen whether others will take the next step with Weber and with Marx, as Jorge Domínguez has already done, by comparing not merely one revolution with another but similar societies with each other, some that experienced revolution and some that did not. Such comparison would find a better context making clearer the variety of outcomes where revolution did not quite occur.

One difficulty seen in Skocpol's writing and in that of S.N. Eisenstadt is their clinging to the baseless idea that revolution must be studied with the one prior assumption that a very few revolutions constitute the pure class, with all others seen as lesser and impure by comparison. It is too clear in Skocpol's and Eisenstadt's recent works that this needless assumption hinders what might otherwise be even more useful statements of theory. Eisenstadt seems to turn a blind eye to newer nations and the Third World in general. His fine contribution in this same sense is to impart an awareness of the Jewish and Israeli experience as central to revolutionary studies. So, Eisenstadt does contribute to the current thought concerning identity and personal and societal values of peoples long politically "submerged." That awareness is displayed very well in the very brief statement by Ned Spicer discussing the "collective identity" of "enduring peoples."[54] As for Skocpol, her approach to comparative study promises well for work in much wider fields than the one she has dealt with to date.

My argument is that a new viewpoint for study of revolution was long overdue; that a new view is being attempted today; and that the theory of revolution now needs to take on much more scope and depth in order to study the refractory problems involved. I would encourage Theda Skocpol and S. N. Eisenstadt to read again the fine old commentators and to read over Brinton and Pettee. Let them then go to Cuba for a year, to ready themselves for a voyage of two years back through the history of twentieth-century revolution by living first in Nicaragua, then in El Salvador and Guatemala, then in Honduras, and finally in Costa Rica and Panama. By the time they turn home again I feel sure that Skocpol and Eisenstadt will know that there are no "great" revolutions but that there is revolution today and there will be more tomorrow. It is for us to try to understand it all, not as scholarly abstractions in neat packages but as so many attempts by our fellow human beings to achieve the major transits they desire in the lives they are living.

Notes

1   Crane Brinton, *Anatomy of Revolution* (New York: Norton, 1938), p. 14. (I am grateful to Jane Jacquette for close reading of this essay.)

2   Ibid., pp. 12, 22-23, passim.

3   Crane Brinton, *Anatomy of Revolution*, 2nd edition (New York: Vintage, 1965), p. 4.

4   Ibid, p. 4.

5   Brinton, *Anatomy* (1938), pp. 94-105.

6   Brinton, *Anatomy* (1965), p. 23.

7   Ibid.

8   For a vigorous exposition of this same view see C. W. Cassinelli, *Total Revolution. A Comparative Study of Germany under Hitler, the Soviet Union under Stalin, and China under Mao* (Santa Barbara: Clio Books, 1976).

9   Brinton, *Anatomy* (1965), p. 228.

10   Ibid, p. 7.

11   Ibid, p. 16.

12   J.A. Booth, *The End and the Beginning: the Nicaraguan Revolution* (Boulder, Colo.: Westview Press, 1982).

13   Jack Goldstone, "Theories of Revolution: The Third Generation," *World Politics* 32 (April, 1980): 425-453.

14   Harry Eckstein, *Internal War* (New York: Free Press, 1964), and "On the Etiology of Internal Wars," *History and Theory* 4 (1965): 133-163.

15   Goldstone, "Theories," p. 428.

16   Ibid, p. 429.

17   For careful critiques of theories up to about 1970, see: A.S. Cohan, *Theories of Revolution: An Introduction* (London: Nelson, 1975); I.L. Kramnick, "Reflections on Revolutions: Definitions and Explanations in Recent Scholarship," *History and Theory* 11 (1972): 26-63; R. Aya, "Theories of Revolution Reconsidered," *Theory and Society* 8 (1979): 39-99; Goldstone, "Theories;" and J. Dunn, *Modern Revolutions. An Introduction to the Analysis of a Political Phenomenon* (Cambridge: Cambridge University Press, 1972), who makes a substantial contribution from a historian's viewpoint after study of authorities on Russia, Mexico, China, Yugoslavia, Vietnam, Algeria, Turkey and Cuba. See also E. Hermassi, "Toward a Comparative Study of Revolutions," *Comparative Studies in Society and History* 18 (1976): 211-235.

18   James C. Davies, "The J-Curve of Rising and Declining Satisfactions as a Cause of Some Great Revolutions and a Contained Rebellion," in H.D. Graham and T.R. Gurr (eds.), *Violence in America* (New York: Signet Books, 1969).

19   Among which, T.R. Gurr, *Why Men Rebel* (Princeton: Princeton University Press, 1970), and Eckstein, *Internal War*, are useful for their cataloguing of options and possibilities facing rebels.

20   Goldstone, "Theories," discusses insufficiencies and inherent difficulties, and demonstrates how some analysts tried to circumvent the inability to observe directly the critical variable (called "crucial factor" in the text) their theory required them to assess. He shows that these theorists failed to take up a question posed but not answered by earlier writers (to the effect that it was not clear why elites had failed to defuse revolution by making reforms). This question is now being asked by current theorists.

21   Eric Wolf, *Peasant Wars of the Twentieth Century* (New York: Harper & Row, 1969).

22   Goldstone ("Theories," p. 435 ff.) identifies five such omissions: the peasant dimension mentioned above; the question of foreign involvement; the question of government as an important actor; the variation of role of the armed forces; and the great variety in elites' behavior at crucial times.

23   Clifford Geertz, "The Integrative Revolution: Primordial Sentiments and Civil Politics in the New States," reprinted, pp. 255-310 in Geertz, *The Interpretation of Culture: Selected Essays* (New York: Basic Books, 1963).

24   See P.D. Hutcheon ("Value Theory: Toward Conceptual Clarification," *British Journal of Sociology* 23 (1972): 172-187): "Those working . . . have been severely handicapped by the lack of any consistent body of theory on the nature of man as a valuing organism and even by our obvious lack of agreement as to the meaning of the concept of value itself." Cohan ("Theories," p. 31) recommends steering clear of value concepts because the data are the least understandable we have.

25   See G. Sharp, *The Politics of Nonviolent Action* (Boston: Sargent, 1973) for forms of non-violent activity along the border between uprising and revolution. The careers of Rev. Martin Luther King, Jr., and of Mohandas Gandhi are most pertinent here.

26   Among others, Cassinelli, *Total Revolution*, refutes this idea. Brinton (*Anatomy*, 1938, pp. 299-301) disclaimed it. See Aya, "Theories," p. 45, for discussion.

27   Sheldon Wolin, "The Politics of the Study of Revolution," *Comparative Politics* 5 (1973): 349.

28   C.L.R. James, *The Black Jacobins. Toussaint L'Ouverture and the San Domingo Revolution* (New York: Vintage, 1963; orig. pub. London: Secker & Warburg, 1938).

29   Arnold Toynbee, *A Study of History* (London: Oxford University Press, 1939), vol. VI, p. 107.

30   R. M. Kingdon, "Was the Protestant Reformation a Revolution? The Case of Geneva," in Kingdon (ed.), *Transition and Revolution. Problems and Issues of European Renaissance and Reformation History* (Minneapolis: Burgess Pub. Co, 1974).

31   Richard Alan White, *Paraguay's Autonomous Revolution, 1810-1840* (Albuquerque: University of New Mexico Press, 1978).

32   Ibid.

33   For some complexities not referred to here, and how to deal with them for twentieth-century revolutions, see a limpid discussion by Dunn, *Modern Revolutions*, pp. 226-257.

34   See Geertz, "The Integrative Revolution," discussing cases so complex that we are unlikely to explain them with such directly political theories as those of Charles Tilly or Jorge Domínguez.

35   P. Schrecker ("Revolution as a Problem in the Philosophy of History," pp. 34-52 in C.J. Friedrich (ed.), *Revolution* (New York: Atherton) followed Brinton in explaining this with the term "illegal," meaning a deep alteration of the unwritten constitution of the society (what one might think of as the dimension of generalized values in that society). Carlos Egan suggested to me the example of division of labor, directing me to C. Johnson, *Revolutionary Change* (Boston: Little, Brown, 1966).

36   Richard Fagan, *The Transformation of Political Culture in Cuba* (Stanford: Stanford University Press, 1969); and "A Perspective on the Transformation of Political Culture in Cuba," pp. 186-219 in S.A. Halpern and J.R. Sterling (eds), *Latin America: The Dynamics of Social Change* (New York: St. Martin's Press, 1972).

37   Peter Smith, "Political History in the 1980's: A View from Latin America" *Journal of Interdisciplinary History* 12 (1981): 14-18.

38   The latter two periods are suggested to me by Carlos Egan, one as representing a time of import substitution, the other of "deepening industrialization." Of course many other considerations would enter in, were we to form a theory complex enough.

39   Theda Skocopol, "Explaining Revolutions: In Quest of a Social-Structural Approach," pp. 155-175 in L. Coser and O.N. Larsen (eds.), *The Uses of Controversy in Sociology. Papers* (New York: Free Press, 1976); Walter Goldfrank, "Theories of Revolution and Revolution Without Theory: The Case of Mexico," *Theory and Society* 7 (1979): 135-165.

40   S.N. Eisenstadt (*Revolution and the Transformation of Societies. A Comparative Study of Civilization* (New York: Free Press, 1979) is not discussed here (although his be the broadest and most complex treatment, with rewarding insights) because the multitude of relationships, interactions, and cause-and-effect relationships he proposes may not be realistic for the Third World. See Goldstone, "Theories," pp. 445-447, for a lucid analysis of this important theory which is difficult to read or to understand.

41   Skocpol, "Explaining Revolutions," pp. 116, 320; and Aya, "Theories of Revolution Reconsidered," pp. 45, 48.

42   For a sympathetic and somewhat adverse opinion of the degree of success achieved, see P.T. Manicas's review of Skocpol in *History and Theory* 20 (1979): 204-218, which leans toward the view of the state taken by the late Nicos Poulantzas. Skocpol's lack of interest in individual actors and in ideology should be offset by reading Dunn, *Modern Revolutions* (which was not written with Skocpol in mind) and William H. Sewell, Jr.'s insightful discussion to show why ideology must figure in Skocpol's sort of analysis of the French Revolution ("Ideologies, States and Social Revolutions: Reflections on the French Case," read to the American Historical Association, Los Angeles, December 1981).

43   Walter Goldfrank, "Theories of Revolution and Revolution Without Theory: The Case of Mexico," *Theory and Society* 7 (Jan.-March, 1979): 135-165.

44   Ibid, pp. 145-148.

45   Ibid., pp. 148, 163. He took point 1 from Immanuel M. Wallerstein, *The Modern World-System*, I: *Capitalist Agriculture and the Origins of the European World Economy in the Sixteenth Century* (New York: Academic Press, 1974) and from another Wallerstein work, and points 2-4 from Skocpol's earlier statements in "Explaining Revolutions."

46   Jorge I. Domínguez, *Insurrection or Loyalty. The Breakdown of the Spanish American Empire* (Cambridge, Mass.: Harvard University Press, 1980).

47   Ibid., pp. 245, 255, on Cuba, Venezuela, Chile and Mexico, briefly discussing other Spanish colonies and Brazil. He is much aware of other bodies of theory, as at pp. 15-24 showing why the social mobilization hypothesis of Karl Deutsch et al. will not fit independence movements in Spanish America but will be useful for the later history of that region. See Goldstone, "Theories," pp. 432-433, and Skocpol, "Explaining Revolutions," pp. 165-168, discussing difficulties facing the use of Charles Tilly's theoretical approach to which Dominguez's is akin.

48   Charles Tilly, *From Mobilization to Revolution* (Reading, Mass.: Addison-Wesley, 1978). 0.

49   She began with Eric Wolf's statement (*Peasant Wars*, p. 290) that whatever "make peasant rebellion possible lies in the relation of the peasantry to the field of power which surrounds it." She feels the answer lies with conditions affecting "(1) the degrees and kinds of solidarity in peasant communities; (2) the degrees of peasant autonomy from day-to-day supervision and control by landlords and their agents; and (3) the relaxation of state coercive sanctions against peasant revolts." ("Explaining Revolutions," 115 ff.)

50   Jefferey Paige, *Agrarian Revolution. Social Movements and Export Agriculture in the Underdeveloped World* (New York: Free Press, 1975), pp. 4-9. See adverse discussion by Goldstone, "Theories," p. 452 and Skocpol, "Explaining Revolutions," p. 115 ff. With other theoretical bases

D. Chirot and C. Ragin, "The Market, Tradition, and Peasant Rebellion: The Case of Romania in 1907," *American Sociological Review* 40 (1975), pp. 428-444, reached other conclusions; and the theoretical approaches by E. J. Perry, *Rebels and Revolutionaries in North China, 1845-1945* (Stanford: Stanford University Press, 1980), and especially throughout the work of C.E. Welch, Jr., *Anatomy of Rebellion* (Albany: State University of New York, 1980) should be most useful along the margin between peasant rebellion and revolution. Welch examined the Taiping (China, 1850-64), Telengana (India, 1946-55) and Mau Mau and Kwilu (Africa, 1952-56 and 1963-65).

51   See particularly the last chapter of F.G. Hutchins's *India's Revolution: Gandhi and the Quit India Movement* (Cambridge, Mass.: Harvard University Press, 1973).

52   E.K. Trimberger, *Revolution from Above. Military Bureaucrats and Development in Japan, Turkey, Egypt, and Peru* (New Brunswick, N.J.: Transaction Books, 1978) analyzes several of these revolutions made "from above." Peter H. Smith, "Political History in the 1980's: A View from Latin America'" *Journal of Interdisciplinary History* 12 (1981): 3-27, comments briefly; and a thorough demonstration of a variation of this form is made by White, *Paraguay's Autonomous Revolution.*

53   See again Dunn, *Modern Revolutions*, discussing success, failure, and various outcomes from revolutions.

54   Ned Spicer discussing Yaqui identity and then, pp. 337, 359, comparing with Jewish culture, Seneca, Cherokee, Hopi, Maya, Irish, Welsh, Basque and Catalan.

SIQUEIROS AND THE ORIGINS OF THE MEXICAN MURAL MOVEMENT

D. Anthony White
Sonoma State University

Artistic movements and cultural renaissances do not spring suddenly from the earth on a single day or in a particular year. Nor are they the creation of one individual. Like most historical phenomena, they are the products of multiple factors and personalities and may take many years, even centuries, to unfold. And they are not so much distinctive breaks with the past as they are the outgrowths of previous developments or currents in the existing society.

Neither the Mexican Revolution nor the cultural renaissance to which it gave birth are exceptions to this rule. Both had deep roots in the Mexican past and reflected forces in the pre-revolutionary society or were based on well established precedents or traditions. In fact, the signs of a cultural rebirth were evident before the armed rebellion erupted in 1910, as a new generation of writers, artists and thinkers was in the process of rejecting imported cultural forms from Europe and searching for a sense of national identity and the appropriate cultural forms in which to express their new awareness. But it was not until 1921 and the attainment of relative peace that a more secure and sympathetic government was able to sponsor a series of cultural activities, thereby triggering a renaissance of Mexican culture.

This cultural explosion included the writing of fiction on the Revolution, the study and performance of Mexican folk dance and music, the preservation and exhibition of Mexican folk arts and crafts, the expansion of the educational system and the excavation and restoration of archaeological sites. But it was the revival of mural painting which generated the most controversy as well as producing an important movement in modern art, unique to Mexico. Building upon a long tradition of "public art", Mexican artists were commissioned by the government to spread their versions of Mexican history and culture and the program of the Revolution on public buildings in the capital. Although José Clemente Orozco, Diego Rivera and David Alfaro Siqueiros became the best known of the Mexican muralists, many other fine artists and government officials contributed to the Mexican Mural Movement.

The youngest of "los tres grandes", Siqueiros became its ideologue, albeit self-chosen, and contributed to the renaissance through his public statements and manifestos as well as his art. Throughout his life he issued many statements, published journals of art and wrote articles on books on the origins, importance and uniqueness of the Mexican Mural Movement. While he defended their collective efforts against other tendencies in modern art, he also called for self-criticism and re-evaluation of their work and attacked in print and public debate the direction which other members of the movement were taking. Between 1921 and 1922, he drafted two manifestos on art and, in 1944, he wrote several articles or open letters to the other participants, emphasizing their contributions to the movement but also criticizing their departure from agreed upon goals. A year later he incorporated these articles into a book, *No hay más ruta que la nuestra, importancia nacional e internacional de la pintura Mexicana moderna, el primer brote de reforma profunda en las artes plásticas del mundo contemporáneo* (Ours is the Only Way, The National and International Significance of Modern Mexican Painting, The First Sprout of Profound Reform in the Plastic Arts of the Contemporary World).[1] Although he was attacked immediately by some of the younger or differently inclined artists for the dogmatic tone and implications of the title, these articles, along with his two manifestos, contain the major theoretical formulations of the movement as well as his interpretations of its origins. The title of this articles, therefore, has two dimensions: Siqueiros's contributions to the birth of the movement as an artist, ideologue and publicist, and his views of how and why the movement occurred and who contributed what to its early development.

Long before the Revolution, Mexico had a history of "public art" which included the pre-Columbian frescos of Teotihuacan and Bonampak, the prolific religious art of the colonial churches, the pulqueria paintings of the lower class cantinas, *retablos* or exvoto miracle paintings, and the boldly illustrated broadsides and newspapers of the nineteenth century. When the revolution erupted in 1910, one of Mexico's most prolific artists, José Guadalupe Posada, was illustrating *corridos* (folk ballads), newspapers, novels and pamphlets with his engravings of contemporary events or public figures. Until his death in 1913, this artist kept the public informed, and his illustrations left a lasting impression on two young art students, Diego Rivera and José Clemente Orozco.

Another precursor of the mural movement was the enigmatic Dr. Atl, a Mexican artist who changed his name from Gerardo Murillo to Dr. Atl, meaning "water" in *Nahuatl*, the language of the Aztecs. After travelling extensively in Europe, Dr. Atl returned to Mexico and, as a teacher in the National Academy of Art of San Carlos, he infected the students with his tales of the lastest political and artistic currents from the continent. He also arranged exhibits of their art and helped several students to obtain government scholarships to study in Europe. In 1906, he issued a manifesto in which he declared that since there was no market for art in a poor country like Mexico, the only solution was public art fostered by the state. This art, he proposed, should be linked to the issues and real conditions of the Mexican people. Although he soon returned to Europe, he was one of the first to call for a revival and/or development of a new Mexican art and when he was commissioned to design a glass screen for the European style opera house under construction in Mexico City, he chose to depict the two volcanos which dominate the valley of Mexico. The design was executed by Tiffany's of New York, but the scene was unmistakenly Mexican.

In 1910, Dr. Atl returned from Europe and discovered that the Díaz government had appropriated a large sum of money for an exhibit of Spanish art to celebrate the centennial of Mexico's struggle for independence from Spain. Working with other artists, he organized the Centro Artístico which sponsored a successful exhibit of paintings by Mexican artists in the National Art Academy. Flushed by their success, the members of the Artistic Center pressed for and received permission to paint a mural in the amphitheater of the National Preparatory School. The scaffolding was barely in place, however, when the Revolution broke out, abruptly canceling the project and postponing the revival of mural painting indefinitely.

In recognition of Dr. Atl's contributions before, during and after the Revolution, Siqueiros dubbed him "the Political and Theoretical Precursor" of the mural movement. He not only provoked "our first enthusiasm for mural painting" and promoted "the idea of a return to public art", but as instructor and later Director of the National Art Academy, Siqueiros wrote, he encouraged our break with "the pseudo academic training" of the art academy. It was also Dr. Atl who persuaded several of the students to join the forces of Carranza and to participate directly in the Revolution. Their involvement in the military conflict was crucial, wrote Siqueiros, not only exposing them to the rigors of military life, but also making them aware of the conditions in the country as well as the diversity and richness of their national culture. This experience, he contended, also served to destroy the notion of indifferent and elite artists, "the apolitical, bohemian, parasitic artist, the typical Montparnassian, the intellectual snob of today," and fostered the idea of citizen artists working for a revolutionary state.

In his article on Dr. Atl, Siqueiros also paid tribute to his other contributions to art and Mexican culture. "Atl was the predecessor of all the later admirers and state supporters of popular art," the first to express his admiration for Mexican popular art, "despised by the francophile intellectuals of the pre-revolutionary oligarchy," and he was responsible for the state's efforts to foster and preserve these art forms. According to Siqueiros, Dr. Atl was also the first Mexican artist of his generation to express his dissatisfaction with traditional materials, eventually inventing his own "Atl-colors." He also affirmed that an artist's tools and materials determine the character of his work as much as his personal sensibilities, a revelation which the younger artist further developed and incorporated into his own credo. Finally, he concluded, it was Dr. Atl who fostered the spirit of monumentality, breaking with the "retrograde art," and he was also the first to develop a panoramic sense of the landscape, using the new perspective of the earth made possible by the development of the airplane.[2]

In 1911, the government of Díaz was replaced by that of Francisco Madero, but neither the directorship of the art academy nor the methods of instruction had been altered by the Revolution. Encouraged by the promises of the Revolution, the students not only had anticipated social change, but also a new aesthetic and predagogy of art. When the director, a *científico* of the old regime, was not removed and conditions did not improve, the students declared a strike and called for his dismissal. After their meetings were broken up by the police, they developed diversionary tactics and brought their case before the public. They also expanded their demands to include the nationalization of the railroads and subsoil resources, meaning oil, and they took their message to the public through exhibits of their art in the public parks or by holding meetings in the popular barrios of the capital. The director was not removed but Alfredo Ramos Martínez, an impressionist recently arrived from Europe, was placed in charge of the school of painting and sculpture. In the suburb of Santa Anita, he founded an "Open Air School," which he called "Barbizon" after the center of impressionism near Paris, and he encouraged the students to paint out of doors, directly from life or nature, as well as to improvise and teach themselves. Not only did this exposure sever them from the stuffy atmosphere and formal academic training of San Carlos, but they were also placed in contact with the daily life of poor Mexicans and began to use Indians as their models and to paint scenes from Mexican village life. In the process, they became more aware of the popular art of their country and in reaction to their instructors' preference for European art, they declared the superiority of Indian art. The supreme insult among them was to be accused of being "more *gachupin* (Spanish) than Indian." The strike and the experience of the open air school, therefore, brought these young artists, mostly city-bred lads from upper-class families, into contact with the lower classes and their culture, while providing the opportunity to discuss art and paint directly from nature. This experience, wrote Siquieros, one of the participants, constituted the first attack on the academic training of the art academy. "All of our movement of Modern Mexican painting set out from this pedagogical-political rebellion (the student strike). It was this action, still chidlike, whicch established our first contact with the real problems of Mexico and the Mexican people."[3]

When Huerta was defeated in 1914, Dr. Atl was appointed Director of the Academy of San Carlos. Although his term of office was even shorter than that of his predecessor, he inflamed the students with new ideas, talking passionately of monumental art, revolutionary techniques and the great mural painting of the past, while at the same time riduculing the archaic methods of instruction which still prevailed in the academy. When Carranza abandoned the capital, Dr. Atl persuaded members of the International House of Workers to fight for Carranza against Villa and Zapata. He also took Orozco and Siqueiros with him to Orizaba where they wrote for and illustrated *La vanguardia*, a *carrancista* paper. Siqueiros worked briefly as a frontline reporter but then joined the army, rising to the rank of second captain in the General Staff of General Manuel Dieguez in the Army of the West fighting against Villa. It was this experience, he contended, which severed their notions of becoming bohemian or indifference artists, while at the same time exposing them to the conditions and culture of their country.

During the ensuing civil war, however, there were no opportunities to paint murals, but there were important developments in art pointing towards an eventual rebirth of Mexican forms of expression. Francisco Goitia, an artist with Pancho Villa, began to paint scenes from the Revolution while Orozco and others were illustrating newspapers or posters for the contending factions. In 1916, Orozco had his first exhibition of drawings and water colors in Mexico City, many of them depicting lower class women or prostitutes, but despairing of finding patrons in Mexico, he soon left for the United States. Although Siqueiros remarked that Orozco's exhibit "led us more to the bordellos than to the masses," he also recognized that the show constituted a turning point in Orozco's personal development as well as a milestone suggesting a new Mexican art movement. It was the beginning of the "Mexicanization of the plastic arts," Siqueiros declared, and he considered Orozco to have been second only to Dr. Atl in this process. In 1944, he wrote that while Atl gave us "the first letters of our doctrinaire alphabet. . . . you (Orozco) gave us the first letters of our artistic alphabet . . . you were the artistic precursor in the incipient school of Mexican social art."[4]

After Carranza's military victory in 1916, Siqueiros remained in the army but resumed his painting and in 1918, he participated in the artists' group in Guadalajara which included José Guadalupe Zuno, an artist and later Governor of Jalisco, Xavier Guerrero, and Amado de la Cueva. Meeting with these artists and some writers and musicians in "the Bohemian Center", he discussed the purpose of art, the importance of prehispanic art and the need to develop a national art to serve the Revolution. According to Zuno, Siqueiros attacked the use of traditional artistic materials and equipment and even suggested the painting of murals with spray guns using automobile paints and incorporating colored cement.[5] Although Siqueiros later mentioned a "Congress of Soldier Artists" in 1918, there is no record of any meetings other than those of "the Bohemian Center". Considering the participants and the subjects which they discussed, however, these informal gatherings contributed to the formulation of ideas which materialized in the mural movement several years later.

As a reward for his military service, Siqueiros was sent to Europe in 1919 as a military attaché to the Mexican embassies in Spain and France. After he was deported from Spain for participating in an anti-government demonstration, he went to Paris where he met Diego Rivera, who had been living and painting in Europe during the Revolution. Diego introduced the younger Siqueiros to European art and artists while Siqueiros filled his compatriot's imagination with tales of the Mexican Revolution and his ideas about developing a new Mexican art.

In 1921, Siqueiros returned to Spain and from Barcelona he announced that he was about to publish a new magazine, *La vida americana*. In its first and last issue, he made three appeals or calls to the artists of America, attacking the decadent influence of Europe and calling for the development of a new type of art in America. "We must," he declared, "give back their lost values to painting and sculpture, and at the same time, endow them with new values." He attacked impressionism, the sole aim of which is to "paint light," a puerile theory of art which Cezanne had already put to rest while returning art to its essentials. Taking a cue from the futurists, he wrote, "We must live our marvelous dynamic age", loving the machine, reflecting our modern cities and portraying modern life. Then he appealed to the artists of America to "come closer to the work of the ancient settlers of our valleys, the Indian painters and sculptors", so that we may absorb their work and energy. But, he warned, we must avoid archaeological reconstruction, primitiveism or Indianism as well as "national art". "We must become universal; inevitably our racial and local elements will appear in our work."[6] Since the Barcelona manifesto contains many of the basic premises of the Mexican Mural Movement and was issued on the eve of the revival of mural painting in Mexico, it is its "first theoretical formulation." In spite of his later attacks on Rivera, Siqueiros wrote that he would not have been able to formulate his ideas in the manifesto without Rivera and that Diego was the first Mexican artist in Europe to appreciate the importance of the Mexican Revolution and the cultural changes which would follow.[7] After he wrote to Rivera from Spain, urging him to undertake mural painting, Diego replied, "The art of the easel belongs to the individual, mural painting to all the people."

When Alvaro Obregón was elected President of Mexico in 1921, he appointed José Vasconcelos, former cabinet minister, rector of the National University, lawyer and philosopher, as Minister of Public Education. Under his auspices, a cultural renaissance was launched in which artists were hired by the government as teachers of art, but primarily to paint murals on government buildings. Roberto Montenegro, recently arrived from Europe, and Xavier Guerrero were commissioned to paint murals in the old church of San Pedro and San Pablo and Rivera, just back from France, Jean Charlot, a Frenchman, and Fernando Leal, Fermín Revueltas, and Ramón Alva de la Canal were hired to paint murals in the amphitheater, hallways and patios of the National Preparatory School. Although Vasconcelos's only instructions were to use Mexican subject matter, the techniques and styles of the artists in their first murals were traditional and the themes were neither controversial nor revolutionary. Montenegro painted "The Fiesta of the Holy Cross," Leal, "The Feast of Chalma," Chalot, the "Fall of Tenochtitlan," and Alva de la Canal, "The Landing of the Spaniards," all in fresco or encaustic. For his first mural Orozco chose the theme of "Maternity" and proceeded to paint a naked blond woman and child surrounded by four angels. The painting offended some Catholics because it suggested a nude Virgin Mary and Christ Child, but Orozco's fresco was hardly Mexican or revolutionary. Siqueiros's first reaction was that Orozco had painted "a la Boticelli" and called his figures "nude madonnas." Orozco, however, soon abandoned this style and returned to the form of his biting political cartoons. covering the adjoining panels of the inner patio of the Preparatory School with a series of powerful murals mocking the aristocracy and expressing his iconoclastic views of the Revolution, Mexican history and national culture.

In 1944, therefore, Siqueiros addressed his open letter to Orozco as "The Formal-Professional Precursor of Our Painting" and wrote that "I must tell you (Orozco) that I sincerely believe that both your painting and your political aesthetic theories are the most faithful reflection of everything, both positive and negative, which existed during the revolutionary, iconoclastic period of our art". Then, he continued, you supported the collective decision to paint murals and contributed to the development of the revolutionary program of the Barcelona manifesto; "you (Orozco) were as powerful a political cartoonist on the walls as you had been on paper" and you realized that a truly social art needs social forms which must be large as well as public. Convinced that a new society requires a new technique, a new art, Siqueiros wrote that Orozco was the only muralist during this period who became dissatisfied with the established techniques and was the first to experiment with new materials.[8] In his posthumously published memoirs, Siqueiros also stated that Orozco's murals were the best expression of the goals of the movement in its early years.[9]

Rivera's first mural, "Omniscence", was painted in encaustic in the amphitheater of the Preparatory School and was traditional in technique as well as subject matter. Although he used native models, the result was a series of human figures with halos, representing the theater, dance, music and the plastic arts and there was no political or social statement. When he saw Diego's first attempt at mural painting, Siqueiros wondered what had happened to the ideas which they had discussed in Paris. It violated everything they had agreed upon as well as his own ideas about developing a new form of Mexican art; the effect, he protested, was that of a neo-byzantine artist affected by *art nouveau.*

Despite his initial reaction, Siqueiros later wrote that it was Diego who had made us aware of our pre-hispanic traditions, colonial mysticism and the diversity of Mexican popular art during this early mural period (1922-1924). It was Diego's example, he noted, which demonstrated the need for craftmanship and professionalism and how to apply in practice all of the theories of the Barcelona manifesto. Diego also showed the way by challenging the routine teaching of the academics, he wrote, as well as the "false ingenuity" and "dilletantism which the snobs of the modern school of Paris so admire." Referring to Rivera's next mural project, a massive series of panels in the Ministry of Public Education, Siqueiros noted that Diego had been the first to change the "aesthetic mysticism of our very first murals for an ideological objective associated with the problems of mankind and society." Rivera, therefore, he wrote, was the first "practical exponent of our art", leading the way in the development of a new "public art". Both he and Orozco, Siqueiros emphasized, had demonstrated that our art was universal and always remained dedicated to mural painting even when easel painting was more lucrative.[10] Despite this high praise for his colleague, Siqueiros later attacked Rivera for painting murals for reactionary government and North American capitalists and becoming primitive and folkloric in his painting. Diego dismissed the charges as unfounded or politically motivated and rejoined, "Siquerios talks, Rivera paints."

In 1922, Siqueiros had also returned from Europe, enticed by a note from the Minister of Education which declared that his stipend would be continued only when he arrived in Mexico. After meeting with Vasconcelos, he chose a dark and remote stairway of the Colegio Chico of the National Preparatory School in which to paint his first mural. Proceeding cautiously and following the example of other artists, he began to paint an angel in encaustic on the vault over the stairs. While the female figure representing the "Spirit of the Occident Over Mexico" suggested a lower-class Mexican woman with her shawl-draped head, it was surrounded by vague symbols of the elements and was no more Mexican or revolutionary than the first murals of his colleagues.

Frustrated with the medium of encaustic, Siqueiros switched to fresco, painting several figures with Indian features on the walls of the stairway, their faces duplicating the Olmec masks which he studied in the museum of archaeology. On the lower level he painted four workers bearing the coffin of their dead comrade, their arms linked in solidarity and supporting a blue coffin decorated with a hammer and sickle. Though never finished, "The Burial of the Worker" suggests the incorporation of the Indian into the Mexican proletriat and the theme constitutes a departure from the more traditional and/or folkloric themes developed by his fellow muralists. Characteristic of his later style, the figures are monumental and the coffin, geometrically drawn with an exaggerated perspective, appears to thrust forward beyond the surface of the painting. He had also chosen to paint his first mural on the ceiling and side walls of a stairway instead of a flat rectangular surface, thereby trying to integrate his painting with the architectonic space of the building. Although he was discharged from the project before his first mural was finished, his first frescos represent primitive but important steps in the development of a national and "public art" as well as a new aesthetic linked to the problems and conditions of the Mexican people.

Ironically, very few peasants or workers ever saw these first murals and those who did either failed to recognize themselves in the paintings or commented that the artists were not Mexican since they clearly did not know how to yoke a pair of oxen. Instead, they were seen mainly by students from upper-class families or their teachers and were attacked as "ugly" or desecrations of colonial architecture. The students also attacked the artists when they were working in the corridors of the school, or chipped the paintings with knives and pencils. These attacks forced the artists to defend themselves and their work with pistols and barricades and the ensuing public controversy drew more attention to their work. When the artists decided to switch from encaustic to fresco, they were chagrined because none of them had any idea of the technique. To their surpirse, Xavier Guerrero, the Indian son of a house painter, pointed out that fresco painting was practiced by house painters in Mexico and then proceeded to instruct the "artists" in the use of fresco.

In 1922, Siqueiros, Orozco, Guerrero, Rivera and several other artists formed the Syndicate of Revolutionary Artists, Sculptors and Technical Workers to promote and defend mural painting or public art. In a manifesto drafted by Siqueiros, the artists agreed to associate themselves with the native races which have been oppressed for centuries, to the soldier corrupted by his officers, to the workers and peasants exploited by the rich and to the intellectuals who do not "flatter the bourgeoisie." Having identified with the cause of the oppressed, the manifesto recognized the talent and beauty of the art of the Mexican people as their greatest treasure. It is great because "it belongs collectively to the people and this is why our fundamental aesthetic goal must be to socialize artistic expression and wipe out bourgeois individualism. We repudiate so-called easel painting and every kind of art favored by the ultra-intellectual circles, because it is aristocratic, and we praise monumental art in all of its forms, because it is public property. . .art must no longer be the expression of individual satisfaction which it is today, but should aim to become a fighting, educative art for all."[11]

The Syndicate also published a paper, *El Machete*, the masthead of which included a woodblock print of a machete by Siqueiros and a poem composed by his wife, Graciela Amador, which read:

> *The machete is used to reap cane*
> *To clear a path through an underbrush*
> *To kill snakes, end strife*
> *And humble the pride of the impious rich.*[12]

As he had done with the Syndicate, Siqueiros now threw himself into the publication and distribution of *El Machete*, almost totally neglecting his murals in the Preparatory School. While Orozco contributed illustrations, Siqueiros, Guerrero and Graciela wrote articles, composed ballads, drew pictures and after it was printed, they distributed it on the streets of Mexico City. The boldly printed paper had more illustrations than printing and the articles explained the pictures rather than the art illustrating the printed material. Distributed on street corners or pasted on the walls of working class neighborhoods or in union halls, *El Machete* constituted another form of "public art" and was in the best tradition of similarly illustrated Mexican newspapers. When the Syndicate collapsed, *El Machete* became the official paper of the Mexican Communist Party until its suppression in 1929. Although the collective projects of the Syndicate never developed, its manifesto expressed the basic objectives of the Mexican Mural Movement, especially its identification with the cause of the working class, the recognition of the merits of popular art and the rejection of easel painting in favor of mural painting or public art at the service of the people. The experience of writing articles on economic and political issues also reinforced the association of the artist-writers with the Mexican labor movement and the problems of the working class.

Because of their political activities, Orozco and Siqueiros were soon discharged from their murals, and the inventory of murals painted by all artists by 1925 was not very impressive. Still, the Mexican Mural Movement had been launched in spite of their initially cautious beginnings, the artists had developed new techniques and either painted more provocative subject matter or included social commentary in their murals, expressed in an increasingly bold and strident language. Seeing his plans for a classical revival being sabotaged by his artists, Vasconcelos continued to defend them and did not interfere with their work except to insist that they make some progress on the walls they were commissioned to paint. Under increasing attack for the cultural revolution which he had sponsored, and disappointed when President Obregon chose General Calles as his successor, Vasconcelos resigned from the cabinet in 1924. While many of the other muralists recognized the important role of Vasconcelos as the official patron of their movement, Siqueiros was less charitable and commented, "we forced him to tolerate us. He hated our murals as soon as he saw them." Vasconcelos had made the revival of mural painting possible, he later admitted, but also pointed out that the artists soon realized that his (Vasconcelos's) ideas were not capable of moving the masses and that he later disowned the movement which he had fostered.

Under a more conservative and less sympathetic government, only Rivera continued to receive mural commissions in Mexico. Although Orozco later returned to complete his murals in the Preparatory School, Siqueiros never finished his first mural project and spent the next few years organizing workers, abandoning mural painting until 1932 and spending much of the time behind bars in Mexico or in exile. Then, while the Mexican government became less revolutionary and sucumbed tothe pressures from the United States, Rivera, Orozco and Siqueiros were commissioned to paint murals in the United States and Mexican mural painting was given a new life in Pomona, Los Angeles, San Francisco, Detroit, New York and Hanover, New Hamphsire. It was not until the election of Lázaro Cárdenas to the presidency in 1934 that the mural painting was reborn in Mexico, and North American as well as Mexican artists were commissioned to paint murals in Mexico. Since then, the original muralists and a second generation of artists have continued to paint murals for the government or private corporations. The last of "los tres grandes" died in 1974, but Pablo O'Higgins, Alfred Szlce, Jorge González Camarena, Juan O'Gorman, Arturo García Bustos and many others have continued to paint murals in Mexico. Modern Mexican art has not been limited to murals, however, and there has been an impressive output by artists who prefer easel paintings to murals and whose art is non-figurative or abstract and without political or social commentary. Though the mural movement is unique within modern art and has not been duplicated by any other country in this century, the Mexican artists also had a great impact on a number of American artists, and the public artists have developed their own mural renaissance in their neighborhoods in the United States, clearly inspired and influenced by the Mexican example.

As an artist, Siqueiros contributed to the birth of the mural movement in Mexico and was later recognized as one of Mexico's greatest muralists. He also contributed much of the theoretical framework of the movement as well as developing new concepts, techniques and materials for modern art. But, while he himself recognized the individual contributions of Posada, Atl, Goitia, Orozco, Rivera, Guerrero and others to the movement, he was also convinced that the Mexican Mural Movement was primarily the result of the Mexican Revolution. "Modern Mexican painting," he writes, "is first and foremost the expression of the Mexican Revolution in the field of culture." He conceded that its sources included the prehispanic and colonial cultures of Mexico, and pointed out that no other country in Latin America with a similar history and cultural background, like Guatemala or Peru, had produced a similar art movement. Therefore, he concluded, had it not been for the Mexican Revolution, "contemporary Mexican painting would have been as intellectually colonial and as domestically snobbish as it was in pre-revolutionary Mexico and still is in Spain and the rest of Latin America."[13]

Notes

1   David Alfaro Siqueiros, *No hay mas ruta que la nuestra, importancia nacional e internacional de la pintura mexicana moderna, el primer brote de reforma profunda en las artes plasticas del mundo contemporaneo* (Mexico, D.F., 1945).

2   Siqueiros, "Atl, el precursor teórico y político," in *No hay mas ruta que la nuestra*, pp. 19-28.

3   Instituto Nacional de Bellas Artes, *70 obras recientes de David Alfaro Siqueiros* (Mexico, D.F., 1947), p. 14.

4   Siqueiros, "Orozco, el precursor formal-professional" in *No hay mas ruta que la nuestra*, pp. 29-44.

5   José Guadalupe Zuno, *Historia de las artes plásticas en la revolución mexicana*, tomo I (México, D.F., 1967), p. 203.

6   Siqueiros, "A New Direction for the New Generation of American Painters and Sculptors" in *Art and Revolution* (London, 1975), pp. 20-23.

7   Siqueiros, "Rivera, el primer impulsador en la practica," in *No hay mas ruta que la nuestra*, p. 50.

8   Siqueiros, "Orozco, el precursor formal professional," pp. 29-44.

9   Siqueiros, *Me llamaban el Coronelazo, Memorias de David Alfaro Siqueiros* (Mexico, D.F., 1967).

10   Siqueiros, "Rivera el primer impulsador," pp. 52-53.

11   Siqueiros, "A Declaration of Social, Political and Aesthetic Principles" in *Art and Revolution*, pp. 24-25.

12   Jean Charlot, *The Mexican Mural Renaissance, 1920-1925.* (New Haven, 1967), p. 245.

13   Siqueiros, "Orozco, el precursor formal profesional," p. 32.

JOSE REVUELTAS: LA INTEGRACION LITERARIA
DE LA LUCHA POLITICA INTRANSIGENTE

Kristyna P. Demaree
California State University, Chico

José Revueltas, tal vez mejor que nadie, ejemplifica el escritor comprometido. Se ve como una constante en su obra la integración de la lucha política y creativa. Sin embargo, Revueltas, un artista dedicado e inteligente, quedaba siempre al margen del reconocimiento artistico de su país, y como individuo, se negó e entregarse a la corriente del Partido Comunista Mexicano. Su relación con el Partido siempre había sido tempestuosa. En 1960, él y varios otro miembros fueron explusados del Congreso Trece del Partido. Así mismo criticó en una forma muy dura al PCM y a Lombardo Toledano por venderse a la burguesía. También se opuso al dogmatismo de Stalin y Mao.

Así siguió luchando toda la vida. Cuando tenía catorce años fue encarcelado por primera vez como miembro del Partido Comunista. Trabajaba en una ferretería y empezó a educar a los trabajadores sobre sus derechos, y lo despidieron. Después lo sorprendieron pegando carteles "subversivos" en las paredes y lo encerraron en la correccional. Allı inició su primera huelga de hambre. Poco tiempo después fue condenado a las Islas Marías por actividades subversivas; ésta fue la primera de las muchas encarcelaciones que iba a sufrir. La última, en 1968, en la cárcel de Lecumberri, por participar en las huelgas contra las matanzas que ocurrieron antes y después de las Olimpiadas, lo dejó en un estado grave de salud. Había llevado a cabo otra huelga de hambre de la cual nunca se recuperó. Aunque puesto en libertad en 1971, murió a los pocos años, en 1976.

Revueltas nació en Durango, México, en 1914. La familia se mudó a la Ciudad de México y sus hermanos llegaron a ser artistas famosos; Silvestre era compositor y director de la orquestra de Bellas Artes; Fermín pintó con Siqueiros y Rivera. Rosaura era una actriz famosa. Revueltas admiraba mucho a su hermano mayor, Silvestre, que se suicidó en 1944. El tormento que sufría y la grandeza que veía en él, se reflejan en la creación de muchos de sus personajes.[1]

Revueltas fue un autodidacta que pasó toda su vida metido en el estudio y la creación literaria. Trabajó como periodista y guionista para el cine. Era miembro del grupo *Taller* (1938-1941) con Efraín Huerta y Octavio Paz. Dostoevsky, Tolstoy, Celine, Joyce, y Faulkner lo impresionaban intensamente.[2] La trayectoria de su vida su traslada a su creación literaria y se transforma en *praxis.* Para él, el escribir fué siempre una declaración de conciencia. En 1938, cuando redactaba uno de sus primeros cuentos, "El Quebranto," (luego recogido en *Dios en la tierra* (1944)), le escribió a su hermano Silvestre:

> Para mí el arte es sólo un instrumento para descurbir. . . . Pero no descubrir en el sentido trivial de la palabra; mostrar una cosa nueva . . . mostrar lo que de extraño, lo que de inmarcesible tiene todo este viejo mundo que nos rodea. . . . Pero para poder ver la realidad en ese sentido vertiginoso y lleno de misterios. . . . necesitamos vivir en medio de la exaltación y el sufrimiento. Hay que sufrir ahora por los demás. Entender que el artista hoy en esta sombría etapa de la historia no puede ser sino un sacrificado, un ser que llora todas las lágrimas que no quiere que lloren los demás. No excluyo la alegría del arte. Pero me parece que el drama es lo que más acerca al hombre—mientras tengamos un hombre tan dramático—y que mientras más cerca del Hombre esté el arte, es más arte.
>
> Hay que ir contra los poltrones, contra los filisteos, contra los engañadores de profesión, contra las avestruces que entierran la cabeza entre la arena. No precisamente decir la verdad o la mentira—eso todavía es un prejuicio—sino decir la Vida, que no es falsa ni verdadera, sino simplemente Vida, con sus contradicciones y su dolor.[3]

Este sentido de misión creativa se destaca en el pensamiento de Revueltas y le permite experimentar con técnicas nuevas, y con el concepto de la novela como creación que sobrepasa sus propios límites tradicionales. Se mantiene firme en su compromiso de presentar lo que él considera la realidad con todos los aspectos absurdos, irracionales, grotescos, chocantes, trágicos, surrealistas, horrorosos, irónicos, y cínicos. Sentía aversión ante cualquier dogma, fuera político o artístico; así que sus novelas nunca han tenido cabida dentro de los límites propagandistas del Realismo Social o del dogma del PCM. En realidad una de sus novelas, *Los días terrenales* (1949), causó una polémica vituperante cuando se publicó, y por un tiempo Revueltas quería retirarla de la circulación.[4] Esta novela se enfoca en los conflictos internos, subjetivos de dos hombres comunistas, Fidel y Gregorio. Fidel, el hombre que sigue el dogma del Partido es puesto en evidencia como un ser inhumano, cruel e importente. *Los errores* (1964) abiertamente crítica el dogmatismo y el estalinismo:

> Para medir, pues, nuestro destino, nos queda todavía algo que no debemos olvidar: cuando los comunistas callan—callamos—ante la injusticia propia, ante los crímenes sacerdotales de los que han hecho del Partido una iglesia y una inquisición, cuando guardamos silencio precisamente en este tiempo que es el que menos lo merece entre cualesquiera otros tiempos de la historia, no no es nadie sobre la superficie de la tierra, sino el hombre, quien junto a nosotros ha también enmudecido.[5]

Su última novela, *El Apando* (1969) presenta una sóla imagen, completamente sin comentario, del universo degenerado de la prisión y de la sociedad que lo creó.

Toda la obra de Revueltas es autobiográfica. Como señala Ruffinelli, sus novelas reflejan e informan la realidad vivida por Revueltas; el material contenido en ellas viene de sus propias experiencias angustiadas: de su estancia en las Islas Marías, de su lucha contra el dogmaticismo estalinista y de la persistente debilidad del PCM, y finalmente, de su lucha solitaria contra los abusos sangrientos del govierno de Díaz Ordaz.[6]

Su conocimiento de procedimientos literarios abarca todas las innovaciones de la nueva novela: el empleo de técnicas cinematográficas, el uso del monólogo interior, la preocupación por el lenguaje y las variadas perspectivas de distintos puntos de vista. En cada obra rompe los límites del tiempo cronológico y el espacio físico para crear una sóla unidad, tiempo-espacio, en una síntesis que no sea una suma aritmética de sus partes sino una transmutación de sus sutancias.[7] Crea el tiempo mítico—psicológico y quiebra los límites físicos del espacio—novela.

Sin embargo, el contexto de este estudio nos limita a exponer solamente dos ejemplos de esta fusión de "Vida" y creación. Su primera novela, *Los muros de agua* (1941) se basa en sus experiencias como preso en Las Islas Marías. Esta novela la ve como una tentativa de creación.[8] Pero, en esta tentativa se observan todos los elementos técnico-temáticos ya señalados. Por ejemplo, de su propia experiencia azarosa Revueltas recrea el viaje de cinco presos políticos. Los detalles concretos del viaje por tren y barco a las Islas sirven como un punto de partida para la creación de una realidad interior trascendente. El espacio interior se funde con el exterior y los dos alcanzan la dimensión mítica. Además, el uso de descripciones surrealistas, la yuxtaposición de hechos, la asociación libre de ideas, el uso de *flashback, leit motif,* la enumeración, la densidad del lenguaje, la elipsis, todos contribuyen a la creación de un mundo nuevo, horroroso, íntimo. La sensación de estar fuera del tiempo, de irrealidad, comienza con el primer párrafo de la novela:

> ¿A qué lugar podría ser? El reloj amarillo de la torre, los árboles, aparecieron como un rompecabezas, como un haz de tarjetas desarticuladas, y luego todo quedó oscura, impenetrable y silencioso dentro del carro, cuya puerta sonó con ruido de cadenas. Más tarde ya no eran sino los edificios de la ciudad, entrevistos por la estrecha claraboya; edificios de erigida ceniza, rectos, unitarios, pues ya no había esquinas y todo se había tornado un muro, una calle sola y larga, cargada de ininito. (*Obra*, Vol. 1, p. 19)

> En el interior del vagón se podía caminar, a la ventura, durante un siglo entero, ya que no existía nada más vacío y eterno que la ceguera. Y el mundo estaba ciego, ausente de ojos. . . .[9]

> No podía verse nada. . . . Era, quizá, un llanto inverso, un llanto hacia las entrañas, hacía esas otras tinieblas interiores donde las lágrimas, acaso, no harían tanto daño.[10]

La calidad mítica que se nota en estas descripciones es constante por toda la novela. El mito de "la búsqueda del ser" y del laberinto predominan en toda la obra de Revueltas. En *Los muros de agua,* la búsqueda estructura la novela en cuanto a la forma y en su aspecto ritualístico. El problema existencial del hombre informa la preocupación filosófica de esta novela: el hombre se enfrente con su destino en búsqueda de su ser. Los viejas mitos ya no sirven, pero el hombre todavía tiene la potencialidad de ser parte del mito vivido, sea el comunismo o la solidaridad humana.[11]

Esta esperanza ha desaparecido cuando llega el momento de escribir *El Apando,* su última novela, escrita después de sus experiencias en Lecumberri. Técnica y filosóficamente, esta novela, de un sólo párrafo de sesenta páginas, unifica los temas y preocupaciones literarias de Revueltas. Sin hacer ninguna referencia a la política, nos presenta una visión profundamente politizada de la realidad. *El Apando* significa la encarcelación solitaria. Técnicamente integrada y simétrica, es como una ecuación en que el laberinto de la cácel equivale la sociedad y el universo mismo. La trama es muy sencilla: tres reos, Albino, Polonio, y El Carajo, están encerrados en una celda que es el Apando; ésta funciona como una jaula simbólica durante toda la novela. La madre de El Carajo va a introducir de contrabando drogas para ellos en su vagina. Los novias de Albino y de Polonio, La Chata y La Meche la van a ayudar; pero, en el último instante la madre se niega a entregarles las drogas porque sabe que van a matar a El Carajo cuando las reciban. En la pelea que sigue, los guardias golpean a los presos hasta que quedan agotados y sumisos.

En la cárcel todos son prisioneros, tanto los presos como los guardias. La realidad física del apando se funde con el apando psicológico de la mente de los presos. Cada uno está encerrado en su propio apando de desesperanza y abulia; a la vez todos están irrevolcablemente unidos. Su realidad se presenta en imágenes surrealistas y en las memorias de crueldad y brutalidad. Por lo tanto el lector tiene que percibir y recrear la totalidad de ellas y organizarles en un patrón. Por ejemplo, al principio de la novela se presenta la situación de los presos por medio de la acumulación de imágenes múltiples de monos. Hay una mezcla surrealista que incluye monos del zoológico, del Paraíso, los archi-monos, los monos homosexuales, los monos prisioneros. Sobrepuesta a estas imágenes se encuentra la imagen de la cabeza de Bautista, presentada en la misma manera:

> Uno primero y otro después, los dos monos vistos, tomados desde arriba del segundo piso por aquella cabeza que no podía disponer sino de un solo ojo para mirarlos, la cabeza sobre la charola de Salomé, fuera del postigo, la cabeza parlante de las ferias, desprendida del tronco—igual que en las ferias, la cabeza que adivina el porvenir y declama versos, la cabeza del bautista, sólo que aquí horizontal, recostada sobre la oreja—que no dejaba mirar nada de allá abajo al ojo izquierdo . . .[12]

Por medio de esta ténica, utilizada por toda la obra, la convierte en una novela —poema, en una imagen totalizante del eterno laberinto que la estructura.

La imagen mítica de Promoteo puede simbolizar al hombre del siglo 20 para Revueltas. Débil, sufriendo, sin aliento, encadenado a la piedra de dudas y de su naturalieza vil, todavía busca la respuesta a su razón de ser. El caos y la aniquilación amenazan sus existencia; no tiene fé ni en el Paraíso, ni en el Cristianismo, ni en las antiguas religiones indígenas, ni en ningún sistema político, ya sea el comunismo, la democracia, el socialismo, o los principios de la Revolución Mexicana. Es un ser agónico que todavía busca la justificación de su ser. Al final de *El Apando,* Albino y Polonio ni siquiera quieren matar a El Carajo. "Ya para qué."[13] son las últimas palabras de la novela; pero el hecho es que trataron de matar, de luchar, de dar algún sentido a sus vidas.

De esta integración literaria de la lucha personal y política de José Revueltas sale una imagen muy paracida a la que Pablo Neruda nos da en una carta que le escribió al Presidente, Lic. Gustavo Díaz Ordaz, pidiéndole que librara a José Revueltas de la cárcel de Lecumberri:

> Contradictorio, hirsuto, inventivo, despsperado y travieso es José Revueltas: una síntesis del alma mexicana. Tiene, como su patria, una órbita propia, libre y violenta. Tiene la rebeldía de México y una grandeza heredada de familia.[14]

Notas

1   José Revueltas, *Cartas a María Teresa* (México: Premia Editora, 1979), pp. 32-40.

2   José Revueltas, "Textos, notas, apuntes, observaciones, 1945-1964," *Revista de Bellas Artes* 17 (set.-oct. 1967): 4-15.

3   Rosaura Revueltas, *Los Revueltas* (México: Editorial Grijalbo, 1980), pp. 152-155.

4   Enrique Ramírez y Ramírez, "Sobre una literatura de extravio," *Revista Mexicana de Cultura* (supl. dominical de *El Nacional*) 11 de junio de 1950, p. 4 (sigue en 18 y 27 de junio).

5   José Revueltas, *Obra literaria* (México: Empresas Editoriales, 1967), vol. 1, p. 200.

6   Jorge Ruffinelli, *José Revueltas, ficción, política y verdad* (México: Universidad Veracruzana, 1977).

7   José Revueltas, *El conocimiento cinematográfico y sus problemas* (México: UNAM, 1965).

8   Revueltas, *Obra literaria*, I, pp. 28-29.

9   Ibid., p. 38.

10   Ibid., p. 37.

11   Ibid., p. 74.

12   José Revueltas, *El Apando* (México: Ediciones Era, 1969), p. 11.

13   Ibid., p. 56.

14   Rosaura Revueltas, *Los Revueltas*, p. 82.